建筑与市政工程施工现场专业人员职业标准培训教材

资料员考核评价大纲及习题集

本社组织编写

中国建筑工业出版社

图书在版编目（CIP）数据

资料员考核评价大纲及习题集/本社组织编写．—北京：中国建筑工业出版社，2015.4
建筑与市政工程施工现场专业人员职业标准培训教材
ISBN 978-7-112-17925-1

Ⅰ.①资… Ⅱ.①本… Ⅲ.①建筑工程—技术档案—档案管理—职业培训—教材 Ⅳ.①G275.3

中国版本图书馆 CIP 数据核字（2015）第 050856 号

责任编辑：朱首明 李 明 李 阳 刘平平
责任校对：李欣慰 陈晶晶

建筑与市政工程施工现场专业人员职业标准培训教材
资料员考核评价大纲及习题集
本社组织编写

*

中国建筑工业出版社出版、发行（北京西郊百万庄）
各地新华书店、建筑书店经销
北京永峥有限责任公司制版
北京建筑工业印刷厂印刷

*

开本：787×1092 毫米 1/16 印张：12¾ 字数：318 千字
2015 年 4 月第一版 2015 年 4 月第一次印刷
定价：**34.00** 元
ISBN 978-7-112-17925-1
（27125）

版权所有 翻印必究
如有印装质量问题，可寄本社退换
（邮政编码 100037）

出版说明

建筑与市政工程施工现场专业人员队伍素质是影响工程质量和安全生产的关键因素。我国从20世纪80年代开始,在建设行业开展关键岗位培训考核和持证上岗工作。对于提高建设行业从业人员的素质起到了积极的作用。进入21世纪,在改革行政审批制度和转变政府职能的背景下,建设行业教育主管部门转变行业人才工作思路,积极规划和组织职业标准的研发。在住房和城乡建设部人事司的主持下,由中国建设教育协会、苏州二建建筑集团有限公司等单位主编了建设行业的第一部职业标准——《建筑与市政工程施工现场专业人员职业标准》,已由住房和城乡建设部发布,作为行业标准于2012年1月1日起实施。为推动该标准的贯彻落实,进一步编写了配套的14个考核评价大纲。

该职业标准及考核评价大纲有以下特点:(1)系统分析各类建筑施工企业现场专业人员岗位设置情况,总结归纳了8个岗位专业人员核心工作职责,这些职业分类和岗位职责具有普遍性、通用性。(2)突出职业能力本位原则,工作岗位职责与专业技能相互对应,通过技能训练能够提高专业人员的岗位履职能力。(3)注重专业知识的完整性、系统性,基本覆盖各岗位专业人员的知识要求,通用知识具有各岗位的一致性,基础知识、岗位知识能够体现本岗位的知识结构要求。(4)适应行业发展和行业管理的现实需要,岗位设置、专业技能和专业知识要求具有一定的前瞻性、引导性,能够满足专业人员提高综合素质和适应岗位变化的要求。

为落实职业标准,规范建设行业现场专业人员岗位培训工作,我们依据与职业标准相配套的考核评价大纲,在《建筑与市政工程施工现场专业人员职业标准培训教材》的基础上组织开发了各岗位的题库、题集。

题集覆盖《建筑与市政工程施工现场专业人员职业标准》涉及的施工员、质量员、安全员、标准员、材料员、机械员、劳务员、资料员8个岗位。题集分为上下两篇,上篇为通用与基础知识部分习题,下篇为岗位知识与专业技能部分习题,每本题集约收录了1000道左右习题,所有习题均配有答案和解析,上下篇各附有模拟试卷一套。可供参加相关岗位培训考试的专业人员练习使用。

题库建设中,很多主编、专家为我们提供了样题和部分试题,在此表示感谢!

作为行业现场专业人员第一个职业标准贯彻实施的配套教材,我们的编写工作难免存在不足,因此,我们恳请使用本套教材的培训机构、教师和广大学员多提宝贵意见,以便进一步的修订,使其不断完善。

中国建筑工业出版社

目 录

资料员考核评价大纲 ………………………………………………………………………… 1

资料员习题集 ………………………………………………………………………………… 9

上篇　通用与基础知识

第一章　建设法规 ………………………………………………………………………… 11
第二章　建筑材料 ………………………………………………………………………… 41
第三章　建筑工程识图 …………………………………………………………………… 50
第四章　建筑施工技术 …………………………………………………………………… 60
第五章　施工项目管理 …………………………………………………………………… 75
第六章　结构构造的基本知识 …………………………………………………………… 84
第七章　建筑设备的基本知识 …………………………………………………………… 95
第八章　工程预算的基本知识 …………………………………………………………… 104
第九章　掌握计算机和相关资料管理软件的应用知识 ………………………………… 107
第十章　文秘与公文写作基本知识 ……………………………………………………… 109
资料员通用与基础知识试卷 ……………………………………………………………… 110
资料员通用与基础知识试卷答案与解析 ………………………………………………… 119

下篇　岗位知识与专业技能

第一章　建筑工程资料管理相关的规定和标准 ………………………………………… 126
第二章　建筑工程竣工验收备案 ………………………………………………………… 134
第三章　建筑工程文件归档管理 ………………………………………………………… 136
第四章　施工资料管理 …………………………………………………………………… 141
第五章　施工前期、施工期间、竣工验收各阶段施工资料管理的知识 ……………… 144
第六章　建筑业统计的基础知识 ………………………………………………………… 150
第七章　资料安全管理的有关规定 ……………………………………………………… 152
第八章　编制施工资料管理计划 ………………………………………………………… 154
第九章　建立施工资料收集台账 ………………………………………………………… 158
第十章　施工资料交底 …………………………………………………………………… 159
第十一章　收集、审查与整理施工资料 ………………………………………………… 162
第十二章　施工资料的处理、存储、检索、传递、追溯、应用 ……………………… 167
第十三章　安全保管施工资料 …………………………………………………………… 169

第十四章　施工资料立卷、归档、验收与移交 …………………………………… 171
第十五章　建立项目施工资料计算机辅助管理平台 …………………………… 174
第十六章　应用专业软件进行施工资料的处理 ………………………………… 175
第十七章　建筑工程资料管理专业技能案例 …………………………………… 176
资料员岗位知识与专业技能试卷 ………………………………………………… 184
资料员岗位知识与专业技能试卷答案与解析 …………………………………… 191

资料员
考核评价大纲

通 用 知 识

一、熟悉国家工程建设相关法律法规

（一）《建筑法》
1. 从业资格的有关规定
2. 建筑安全生产管理的有关规定
3. 建筑工程质量管理的有关规定

（二）《安全生产法》
1. 生产经营单位安全生产保障的有关规定
2. 从业人员权利和义务的有关规定
3. 安全生产监督管理的有关规定
4. 安全事故应急救援与调查处理的规定

（三）《建设工程安全生产管理条例》、《建设工程质量管理条例》
1. 施工单位安全责任的有关规定
2. 施工单位质量责任和义务的有关规定

（四）《劳动法》、《劳动合同法》
1. 劳动合同和集体合同的有关规定
2. 劳动安全卫生的有关规定

二、了解工程材料的基本知识

（一）无机胶凝材料
1. 无机胶凝材料的分类及特性
2. 通用水泥的品种及应用

（二）混凝土
1. 普通混凝土的分类及主要技术性质
2. 普通混凝土的组成材料及其主要技术要求

（三）砂浆
1. 砂浆的分类及主要技术性质
2. 砌筑砂浆的技术性质、组成材料及其主要技术要求

（四）石材、砖和砌块
1. 砌筑用石材的分类及应用
2. 砖的分类及应用
3. 砌块的分类及应用

（五）钢材
1. 钢材的分类
2. 钢结构用钢材的品种及特性
3. 钢筋混凝土结构用钢材的品种及特性

三、熟悉施工图识读、绘制的基本知识

（一）施工图的基本知识
1. 房屋建筑施工图的组成及作用
2. 房屋建筑施工图的图示特点

（二）施工图的图示方法及内容
1. 建筑施工图的图示方法及内容
2. 结构施工图的图示方法及内容
3. 设备施工图的图示方法及内容

（三）施工图的识读
房屋建筑施工图识读的步骤与方法

四、了解工程施工工艺和方法

（一）地基与基础工程
1. 岩土的工程分类
2. 基坑（槽）开挖、支护及回填的主要方法

（二）砌体工程
1. 砌体工程的种类
2. 砌体工程施工工艺

（三）钢筋混凝土工程
1. 常见模板的种类
2. 钢筋工程施工工艺
3. 混凝土工程施工工艺

（四）钢结构工程
1. 钢结构构件的主要连接方法
2. 钢结构安装施工工艺

（五）防水工程
1. 防水工程的主要种类
2. 防水工程施工工艺

五、熟悉工程项目管理的基本知识

（一）施工项目管理的内容及组织
1. 施工项目管理的内容
2. 施工项目管理的组织

（二）施工项目目标控制
1. 施工项目目标控制的任务
2. 施工项目目标控制的措施

（三）施工资源与现场管理
1. 施工资源管理的任务和内容

2. 施工现场管理的任务和内容

基 础 知 识

一、了解建筑构造、建筑设备及工程预算的基本知识

（一）建筑构造的基本知识
1. 民用建筑的基本构造组成
2. 常见基础的构造
3. 常见建筑墙体的构造
4. 楼板与地坪的构造
5. 民用建筑一般装修构造
6. 单层厂房的一般构造

（二）建筑设备的基本知识
1. 建筑给水排水系统基础知识
2. 建筑供暖系统基础知识
3. 建筑通风与空调系统基础知识
4. 建筑电气基础知识

（三）工程造价的基本概念
1. 工程造价的构成
2. 工程造价的定额计价概念
3. 工程造价的工程量清单计价概念

二、掌握计算机和相关资料管理软件的应用知识

（一）计算机系统基础知识
1. 计算机基本组成及功能的基本知识
2. 计算机软件知识
3. 计算机系统安全知识

（二）计算机文字处理应用基本知识
1. Word、Excel 的基本操作
2. PowerPoint 的基本操作

（三）工程资料专业管理软件的应用知识
1. 工程资料管理软件的种类、特点和功能
2. 工程资料管理软件的新建、保存、删除、导入和导出
3. 工程资料管理软件技术资料编辑的方法
4. 工程资料管理软件技术资料组卷的方法
5. 工程资料管理电子文件安全管理

三、掌握文秘、公文写作基本知识

（一）公文写作的基本知识
1. 公文的类型及写作一般步骤
2. 企业常用文书写作
（二）文秘各项工作的程序和要求
1. 信息收发工作
2. 文件、资料的传递、收集、审查及整理

岗 位 知 识

一、熟悉资料管理相关的管理规定和标准

（一）建筑工程施工质量验收统一标准
1. 建筑工程质量验收要求
2. 建筑工程质量验收程序和组织要求
（二）建设工程项目管理、监理及施工组织设计规范
1. 建设工程项目管理组织与任务的要求
2. 建设工程监理人员、监理实施、监理资料的要求
3. 建筑施工组织设计内容与编制的要求

二、熟悉建筑工程竣工验收备案管理知识

（一）建筑工程竣工验收备案管理
1. 建筑工程竣工验收备案的范围
2. 建筑工程竣工验收备案的文件
3. 建筑工程竣工验收备案的程序
（二）建筑工程竣工验收备案的实施
1. 施工单位的备案基础工作
2. 施工单位的备案实施要点

三、掌握城建档案管理、施工资料管理及建筑业统计的基础知识

（一）城建档案管理的基础知识
1. 建筑工程文件归档整理规范的基本规定
2. 建筑工程文件归档范围及质量要求
3. 建筑工程文件的立卷及归档
4. 建筑工程档案的验收与移交
（二）施工资料管理的基础知识
1. 施工资料的分类方法
2. 施工前期、施工中期、竣工验收各阶段施工资料管理的知识

（三）建筑业统计的基础知识
1. 建筑业统计的基本知识
2. 施工现场统计工作内容

四、资料安全管理的有关规定

1. 资料安全管理的有关规定
2. 资料安全管理责任制度及过程
3. 资料安全的保密措施

专 业 技 能

一、能够参与编制施工资料管理计划

1. 编制施工资料管理规划
2. 进行工程资料分类与分卷，建立施工资料章、节、项、目编制资料管理实施细则（手册）

二、能够建立施工资料收集台账

1. 建立施工资料收集登记制度
2. 建立施工资料台账

三、能够进行施工资料交底

1. 确定施工资料交底的对象
2. 确定施工资料交底内容

四、能够收集、审查与整理施工资料

1. 进行施工资料（C类）的收集、审查、整理
2. 进行竣工图资料（D类）的收集、审查、整理

五、能够检索、处理、存储、传递、追溯、应用施工资料

1. 进行施工资料的检索、处理和存储
2. 进行施工资料的传递、追溯和应用

六、能够安全保管施工资料

1. 建立纸质资料和电子化资料的安全防护措施
2. 建立信息安全管理制度和信息保密制度

七、能够对施工资料立卷、归档、验收与移交

1. 进行施工资料立卷和归档

2. 进行施工资料验收和移交

八、能够参与建立项目施工资料计算机辅助管理平台

1. 为建立资料管理计算机辅助管理平台提供资料
2. 进行项目施工资料的录入和整理

九、能够应用专业软件进行施工资料的处理

1. 进行专业软件的操作与管理
2. 应用专业软件处理施工资料

附注

资料员

习 题 集

上篇 通用与基础知识

第一章 建设法规

一、判断题

1. 省、自治区、直辖市以及省会城市、自治区首府、地级市均有立法权。

【答案】错误

【解析】县、乡级没有立法权。省、自治区、直辖市以及省会城市、自治区首府有立法权。而地级市中只有国务院批准的规模较大的市有立法权，其他地级市没有立法权。

2. 在我国的建设法规的五个层次中，法律效力的层级是上位法高于下位法，具体表现为：建设法律→建设行政法规→建设部门规章→地方性建设法规→地方建设规章。

【答案】正确

【解析】在建设法规的五个层次中，其法律效力由高到低依次为建设法律、建设行政法规、建设部门规章、地方性建设法规和地方建设规章。法律效力高的成为上位法，法律效力低的成为下位法，下位法不得与上位法相抵触，否则其相应规定将被视为无效。

3. 《建筑法》的立法目的在于加强对建筑活动的监督管理，维护建筑市场秩序，保证建筑工程的质量和安全，促进建筑业健康发展。

【答案】正确

【解析】《建筑法》的立法目的在于加强对建筑活动的监督管理，维护建筑市场秩序，保证建筑工程的质量和安全，促进建筑业健康发展。

4. 建筑业企业资质，是指建筑业企业的建设业绩、人员素质、管理水平、资金数量、技术装备等的总称。

【答案】正确

【解析】建筑业企业资质，是指建筑业企业的建设业绩、人员素质、管理水平、资金数量、技术装备等的总称。

5. 甲建筑施工企业的企业资质为二级，近期内将完成一级的资质评定工作，为了能够承揽正在进行招标的建筑面积20万m^2的住宅小区建设工程，甲向有合作关系的一级建筑施工企业借用资质证书完成了该建设工程的投标，甲企业在工程中标后取得一级建筑施工企业资质，则甲企业对该工程的中标是有效的。

【答案】错误

【解析】《建设法》规定：禁止建筑施工企业超越本企业资质等级许可的业务范围或者以任何形式用其他建筑施工企业的名义承揽工程。2005年1月1日开始实行的《最高人民法院关于审理建设工程施工合同纠纷案件适用法律问题的解释》第1条规定：建设工程施工合同具有下列情形之一的，应当根据合同法第52条第（5）项的规定，认定无效：1）承包人未取得建筑施工企业资质或者超越资质等级的；2）没有资质的实际施工人借用有资质的建筑施工企业名义的；3）建设工程必须进行招标而未进行招标或者中标无效的。此案例中，甲单位超越资质等级承揽工程，并借用乙单位的资质等级投标并中标，这一过程是违反《建设法》规定的。所以，该中标无效。

6. 工程施工分包是指承包人将中标工程项目分解后分别发包给具有相应资质的企业完成。

【答案】错误

【解析】转包系指承包单位承包建设工程后，不履行合同约定的责任和义务，将其承包的全部建设工程转给他人或者将其承包的全部建设工程肢解以后以分包的名义分别转给其他单位承包的行为。题目中所指的行为属于转包。

7. 《建筑法》第36条规定：建筑工程安全生产管理必须坚持安全第一、预防为主的方针。其中安全第一是安全生产方针的核心。

【答案】错误

【解析】《建筑法》第36条规定：建筑工程安全生产管理必须坚持安全第一、预防为主的方针。"安全第一"是安全生产方针的基础；"预防为主"是安全生产方针的核心和具体体现，是实现安全生产的根本途径，生产必须安全，安全促进生产。

8. 群防群治制度是建筑生产中最基本的安全管理制度，是所有安全规章制度的核心，是安全第一、预防为主方针的具体体现。

【答案】错误

【解析】安全生产责任是建筑生产中最基本的安全管理制度，是所有安全规章制度的核心，是安全第一、预防为主方针的具体体现。

9. 安全生产检查制度是安全生产的保障。

【答案】正确

【解析】安全生产检查制度是安全生产的保障。

10. 建设工程项目的竣工验收，是由施工单位组织的检查、考核工作。

【答案】错误

【解析】建设工程项目的竣工验收，指在建筑工程已按照设计要求完成全部施工任务，准备交付给建设单位使用时，由建设单位或有关主管部门依照国家关于建筑工程竣工验收制度的规定，对该项工程是否符合设计要求和工程质量标准所进行的检查、考核工作。

11. 生产经营单位安全生产保障措施有组织保障措施、管理保障措施、经济保障措施、人员保障措施四部分组成。

【答案】错误

【解析】生产经营单位安全生产保障措施有组织保障措施、管理保障措施、经济保障措施、技术保障措施四部分组成。

12. 生产经营单位使用的涉及生命安全、危险性较大的特种设备，应经国务院指定的检测、检验机构检测、检验合格后，方可投入使用。

【答案】错误

【解析】《安全生产法》第30条规定：生产经营单位使用的涉及生命安全、危险性较大的特种设备，以及危险物品的容器、运输工具，必须按照国家有关规定，由专业生产单位生产，并经取得专业资质的检测、检验机构检测、检验合格，取得安全使用证或者安全标志，方可投入使用。检测、检验机构对检测、检验结果负责。

13. 危险物品的生产、经营、储存单位以及矿山、建筑施工单位的主要负责人和安全生产管理人员，应当缴费参加由有关部门对其安全生产知识和管理能力考核合格后方可任职。

【答案】错误

【解析】《安全生产法》第 20 条规定：危险物品的生产、经营、储存单位以及矿山、建筑施工单位的主要负责人和安全生产管理人员，应当由有关部门对其安全生产知识和管理能力考核合格后方可任职。考核不得收费。

14. 生产经营单位的特种作业人员必须按照国家有关规定经生产经营单位组织的安全作业培训，方可上岗作业。

【答案】错误

【解析】《安全生产法》第 23 条规定：生产经营单位的特种作业人员必须按照国家有关规定经专门的安全作业培训，取得特种作业操作资格证书，方可上岗作业。

15. 国务院建设行政主管部门对全国建设工程安全生产工作实施综合监督管理。

【答案】正确

【解析】国务院建设行政主管部门对全国建设工程安全生产工作实施综合监督管理。

16. 负有安全生产监督管理职责的部门对有根据认为不符合保障安全生产的国家标准或者行业标准的设施、设备、器材可予以查封或者扣押，并应当在 15 日内依法做出处理决定。

【答案】正确

【解析】《安全生产法》第 56 条规定：负有安全生产监督管理职责的部门依法对生产经营单位执行有关安全生产的法律、法规和国家标准或者行业标准的情况进行监督检查，行使以下职权：1）进入生产经营单位进行检查，调阅有关资料，向有关单位和人员了解情况；2）对检查中发现的安全生产违法行为，当场予以纠正或者要求限期改正；对依法应当给予行政处罚的行为，依照本法和其他有关法律、行政法规作出行政处罚决定；3）对检查中发现的事故隐患，应当责令立即排除；重大事故隐患排除前或者排除过程中无法保障安全的，应当责令从危险区域内撤出作业人员，责令暂时停产停业或者停止使用；重大事故隐患排除后，经审查同意，方可恢复生产经营和使用；4）对有根据认为不符合保障安全生产的国家标准或者行业标准的设施、设备、器材可予以查封或者扣押，并应当在 15 日内依法做出处理决定。

17. 某施工工地脚手架倒塌，造成 3 人死亡 8 人重伤，根据《生产安全事故报告和调查处理条例》规定，该事故等级属于一般事故。

【答案】错误

【解析】根据《生产安全事故报告和调查处理条例》规定：根据生产安全事故造成的人员伤亡或者直接经济损失，事故一般分为以下等级：1）特别重大事故，是指造成 30 人及以上死亡，或者 100 人及以上重伤（包括急性工业中毒，下同），或者 1 亿元及以上直接经济损失的事故；2）重大事故，是指造成 10 人及以上 30 人以下死亡，或者 50 人及以上 100 人以下重伤，或者 5000 万元及以上 1 亿元以下直接经济损失的事故；3）较大事故，是指造成 3 人及以上 10 人以下死亡，或者 10 人及以上 50 人以下重伤，或者 1000 万元及以上5000万元以下直接经济损失的事故；4）一般事故，是指造成3人以下死亡，或者10人以下重伤，或者1000万元以下直接经济损失的事故。

18. 生产经营单位发生生产安全事故后，事故现场相关人员应当立即报告施工项目经理。

【答案】错误

【解析】根据《安全生产法》规定：生产经营单位发生生产安全事故后，事故现场相关人员应当立即报告本单位负责人。

19. 某实行施工总承包的建设工程的分包单位所承担的分包工程发生生产安全事故，分包单位负责人应当立即如实报告给当地建设行政主管部门。

【答案】错误

【解析】《建设工程安全生产管理条例》进一步规定：实行施工总承包的建设工程，由总承包单位负责上报事故。

20. 某施工单位施工过程中的特种设备发生生产安全事故，施工单位应当按照国家有关规定，及时、如实地向当地建设行政主管部门报告。

【答案】错误

【解析】《建设工程安全生产管理条例》进一步规定：施工单位发生生产安全事故，应当按照国家有关伤亡事故报告和调查处理的规定，及时、如实地向负责安全生产监督管理的部门、建设行政主管部门或者其他有关部门报告；特种设备发生事故的，还应当同时向特种设备安全监督管理部门报告。

21. 建设工程施工前，施工单位负责该项目管理的施工员应当对有关安全施工的技术要求向施工作业班组、作业人员做出详细说明，并由双方签字确认。

【答案】正确

【解析】《安全生产管理条例》第27条规定，建设工程施工前，施工单位负责该项目管理的技术人员应当对有关安全施工的技术要求向施工作业班组、作业人员做出详细说明，并由双方签字确认。

22. 施工单位应当对危险性大的分部分项工程编制专项方案。

【答案】错误

【解析】《安全生产管理条例》第26条规定，对达到一定规模的危险性较大的分部分项工程编制专项施工方案，并附具安全验算结果，经施工单位技术负责人、总监理工程师签字后实施，由专职安全生产管理人员进行现场监督。

23. 施工技术交底的目的是使现场施工人员对安全生产有所了解，最大限度避免安全事故的发生。

【答案】错误

【解析】施工前的安全施工技术交底的目的就是让所有的安全生产从业人员都对安全生产有所了解，最大限度避免安全事故的发生。《建设工程安全生产管理条例》第27条规定，建设工程施工前，施工单位负责该项目管理的技术人员应当对有关安全施工的技术要求向施工作业班组、作业人员做出详细说明，并由双方签字确认。

24. 施工单位必须按照工程设计要求、施工技术标准和合同约定，对建筑材料、建筑构配件、设备和商品混凝土进行检验，检验应当有书面记录；未经检验或者检验不合格的，不得使用。

【答案】错误

【解析】《质量管理条例》第 29 条规定：施工单位必须按照工程设计要求、施工技术标准和合同约定，对建筑材料、建筑构配件、设备和商品混凝土进行检验，检验应当有书面记录和专人签字；未经检验或者检验不合格的，不得使用。

25. 《劳动合同法》的立法目的，是为了完善劳动合同制度，建立和维护适应社会主义市场经济的劳动制度，明确劳动合同双方当事人的权利和义务，保护劳动者的合法权益，构建和发展和谐稳定的劳动关系。

【答案】错误

【解析】《劳动合同法》的立法目的，是为了完善劳动合同制度，明确劳动合同双方当事人的权利和义务，保护劳动者的合法权益，构建和发展和谐稳定的劳动关系。

26. 用人单位和劳动者之间订立的劳动合同可以采用书面或口头形式。

【答案】错误

【解析】《劳动合同法》第 19 条规定：建立劳动关系，应当订立书面劳动合同。

27. 已建立劳动关系，未同时订立书面劳动合同的，应当自用工之日起一个月内订立书面劳动合同。

【答案】正确

【解析】《劳动合同法》第 19 条规定：建立劳动关系，应当订立书面劳动合同。已建立劳动关系，未同时订立书面劳动合同的，应当自用工之日起一个月内订立书面劳动合同。

28. 某建筑施工单位聘请张某担任钢筋工，双方签订劳动合同，约定劳动试用期 4 个月，4 个月后再确定劳动合同期限。

【答案】错误

【解析】《劳动合同法》第 19 条进一步明确：劳动合同期限 3 个月以上不满 1 年的，试用期不得超过 1 个月；劳动合同期限 1 年以上不满 3 年的，试用期不得超过 2 个月；3 年以上固定期限和无固定期限的劳动合同，试用期不得超过 6 个月。

二、单选题

1. 建设法规是指国家立法机关或其授权的行政机关制定的旨在调整国家及其有关机构、企事业单位、（　　）之间，在建设活动中或建设行政管理活动中发生的各种社会关系的法律、法规的统称。
   A. 社区　B. 市民　C. 社会团体、公民　D. 地方社团

【答案】C

【解析】建设法规是指国家立法机关或其授权的行政机关制定的旨在调整国家及其有关机构、企事业单位、社会团体、公民之间，在建设活动中或建设行政管理活动中发生的各种社会关系的法律、法规的统称。

2. 关于上位法与下位法的法律地位与效力，下列说法中正确的是（　　）。
   A. 建设部门规章高于地方性建设法规

B. 建设行政法规的法律效力最高
C. 建设行政法规、部门规章不得与地方性法规、规章相抵触
D. 地方建设规章与地方性建设法规就同一事项进行不同规定时，遵从地方建设规章

【答案】A

【解析】在建设法规的五个层次中，其法律效力由高到低依次为建设法律、建设行政法规、建设部门规章、地方性建设法规和地方建设规章。法律效力高的成为上位法，法律效力低的成为下位法，下位法不得与上位法相抵触，否则其相应规定将被视为无效。

3. 建设法规体系的核心和基础是（　　）。
A. 宪法　B. 建设法律　C. 建设行政法规　D. 中华人民共和国建筑法

【答案】B

【解析】建设法律是建设法规体系的核心和基础。

4. 建设法律的制定通过部门是（　　）。
A. 全国人民代表大会及其常务委员会　B. 国务院
C. 国务院常务委员会　　　　　　　　D. 国务院建设行政主管部门

【答案】A

【解析】建设法律是指由全国人民代表大会及其常务委员会制定通过，由国家主席以主席令的形式发布的属于国务院建设行政主管部门业务范围的各项法律。

5. 以下法规属于建设行政法规的是（　　）。
A.《工程建设项目施工招标投标办法》　B.《中华人民共和国城乡规划法》
C.《建设工程安全生产管理条例》　　　D.《实施工程建设强制性标准监督规定》

【答案】C

【解析】建设行政法规的名称常以"条例"、"办法"、"规定"、"规章"等名称出现，如《建设工程质量管理条例》、《建设工程安全生产管理条例》等。建设部门规章是指住房和城乡建设部根据国务院规定的职责范围，依法制定并颁布的各项规章或由住房和城乡建设部与国务院其他有关部门联合制定并发布的规章，如《实施工程建设强制性标准监督规定》、《工程建设项目施工招标投标办法》等。

6. 在建设法规的五个层次中，其法律效力从高到低依次为（　　）。
A. 建设法律、建设行政法规、建设部门规章、地方建设法规、地方建设规章
B. 建设法律、建设行政法规、建设部门规章、地方建设规章、地方建设法规
C. 建设行政法规、建设部门规章、建设法律、地方建设法规、地方建设规章
D. 建设法律、建设行政法规、地方建设法规、建设部门规章、地方建设规章

【答案】A

【解析】在建设法规的五个层次中，其法律效力由高到低依次为建设法律、建设行政法规、建设部门规章、地方性建设法规和地方建设规章。法律效力高的成为上位法，法律效力低的成为下位法，下位法不得与上位法相抵触，否则其相应规定将被视为无效。

7. 下列各选项中，不属于《建筑法》规定约束的是（　　）。
A. 建筑工程发包与承包
B. 建筑工程涉及的土地征用
C. 建筑安全生产管理

D. 建筑工程质量管理

【答案】B

【解析】《建筑法》共8章85条，分别从建筑许可、建筑工程发包与承包、建筑工程管理、建筑安全生产管理、建筑工程质量管理等方面作出了规定。

8. 建筑业企业资质等级，是由（　　）按资质条件把企业划分成为不同等级。
   A. 国务院行政主管部门　　　B. 国务院资质管理部门
   C. 国务院工商注册管理部门　D. 国务院

【答案】A

【解析】建筑业企业资质等级，是指国务院行政主管部门按资质条件把企业划分成的不同等级。

9. 按照《建筑业企业资质管理规定》，建筑业企业资质分为（　　）三个序列。
   A. 特级、一级、二级　　B. 一级、二级、三级
   C. 甲级、乙级、丙级　　D. 施工总承包、专业承包和施工劳务

【答案】D

【解析】建筑业企业资质分为施工总承包、专业承包和施工劳务三个序列。

10. 在我国，施工总承包企业资质划分为房屋建筑工程、公路工程等（　　）个资质类别。
    A. 10　B. 12　C. 13　D. 60

【答案】B

【解析】施工总承包资质分为12个类别，专业承包资质分为36个类别，施工劳务序列不分类别。

11. 房屋建筑工程属于（　　）资质序列。
    A. 施工总承包　B. 专业承包
    C. 施工劳务　　D. 市政工程总承包

【答案】A

【解析】施工总承包资质分为12个类别，包括房屋建筑工程、公路工程、铁路工程、港口与航道工程、水利水电工程、电力工程、矿山工程、冶炼工程、石油化工工程、市政公用工程、通信工程、机电工程。

12. 按照《建筑法》规定，建筑业企业各资质等级标准和各类别等级资质企业承担工程的具体范围，由（　　）会同国务院有关部门制定。
    A. 国务院国有资产管理部门　　　　　　B. 国务院建设行政主管部门
    C. 该类企业工商注册地的建设行政主管部门　D. 省、自治区及直辖市建设主管部门

【答案】B

【解析】按照《建筑法》规定，建筑业企业各资质等级标准和各类别等级资质企业承担工程的具体范围，由国务院建设行政主管部门会同国务院有关部门制定。

13. 预拌混凝土工程资质等级分为（　　）。
    A. 一、二、三级　B. 不分等级　C. 二、三级　D. 一、二级

【答案】B

【解析】预拌混凝土工程资质不分等级。

14. 以下关于建筑业企业资质等级的相关说法,正确的是( )。
   A. 情有可原时,建筑施工企业可以用其他建筑施工企业的名义承揽工程
   B. 建筑施工企业可以口头允许其他单位短时借用本企业的资质证书
   C. 禁止建筑施工企业超越本企业资质等级许可的业务范围承揽工程
   D. 承包建筑工程的单位实际达到的资质等级满足法律要求,即可承揽相应工程

【答案】C

【解析】《建设法》规定:承包建筑工程的单位应当持有依法取得的资质证书,并在其资质等级许可的业务范围内承揽工程。禁止建筑施工企业超越本企业资质等级许可的业务范围或者以任何形式用其他建筑施工企业的名义承揽工程。禁止建筑施工企业以任何形式允许其他单位或个人使用本企业的资质证书、营业执照,以本企业的名义承揽工程。

15. 两个以上不同资质等级的单位联合承包工程,其承揽工程的业务范围取决于联合体中( )的业务许可范围。
   A. 资质等级高的单位   B. 资质等级低的单位
   C. 实际达到的资质等级   D. 核定的资质等级

【答案】B

【解析】依据《建筑法》第27条,联合体作为投标人投标时,应当按照资质等级较低的单位的业务许可范围承揽工程。

16. 甲、乙、丙三家公司组成联合体投标中标了一栋写字楼工程,施工过程中因甲的施工的工程质量问题而出现赔偿责任,则建设单位( )。
   A. 可向甲、乙、丙任何一方要求赔偿   B. 只能要求甲负责赔偿
   C. 需与甲、乙、丙协商由谁赔偿   D. 如向乙要求赔偿,乙有权拒绝

【答案】A

【解析】联合体的成员单位对承包合同的履行承担连带责任。《民法通则》第87条规定,负有连带义务的每个债务人,都有清偿全部债务的义务。因此,联合体的成员单位都附有清偿全部债务的义务。

17. 下列关于工程分包的表述中,正确的是( )。
   A. 工程施工分包是指承包人将中标工程项目分解后分别发包给具有相应资质的企业完成
   B. 专业工程分包是指专业工程承包人将所承包的部分专业工程施工任务发包给具有相应资质的企业完成的活动
   C. 施工总承包企业可以承接施工总承包工程
   D. 劳务分包企业可以将承包的部分劳务作业任务分包给同类企业完成的活动

【答案】C

【解析】施工总承包企业可以承接施工总承包工程。施工总承包企业可以对所承包的施工总承包工程内各专业工程全部自行施工,也可以将专业工程或劳务作业依法分包给具有相应资质的专业承包企业或施工劳务企业。

18. 施工总承包单位承包建设工程后的下列行为中,除( )以外均是法律禁止的。
   A. 将承包的工程全部转让给他人完成的

B. 施工总承包单位将有关专业工程发包给了有相应资质的专业承包企业完成的
C. 分包单位将其承包的建设工程肢解后以分包的名义全部转让给他人完成的
D. 劳务分包企业将承包的部分劳务作业任务再分包的

【答案】B

【解析】《建筑法》第29条规定：禁止总承包单位将工程分包给不具备相应资质条件的单位，禁止分包单位将其承包的工程再分包。依据《建筑法》的规定：《建设工程质量管理条例》进一步将违法分包界定为如下几种情形：①总承包单位将建设工程分包给不具备相应资质条件的单位的；②建设工程总承包合同中未有约定，有未经建设单位认可，承包单位将其承包的部分建设工程交由其他单位完成的；③施工总承包单位将建设工程主体结构的施工分包给其他单位的；④分包单位将其承包的建设工程再分包的。

19. 甲公司投标承包了一栋高档写字楼工程的施工总承包业务，经业主方认可将其中的专业工程分包给了具有相应资质等级的乙公司，工程施工中因乙公司分包的工程发生了质量事故给业主造成了10万元的损失而产生了赔偿责任。对此，正确的处理方式应当是（　　）。
A. 业主方只能要求乙赔偿
B. 甲不能拒绝业主方的10万元赔偿要求，但赔偿后可按分包合同的约定向乙追赔
C. 如果业主方要求甲赔偿，甲能以乙是业主认可的分包商为由而拒绝
D. 乙可以拒绝甲的追赔要求

【答案】B

【解析】连带责任既可以依合同约定产生，也可以依法律规定产生。总承包单位和分包单位之间的责任划分，应当根据双方的合同约定或者各自过错的大小确定；一方向建设单位承担的责任超过其应承担份额的，有权向另一方追偿。需要说明的是，虽然建设单位和分包单位之间没有合同关系，但是当分包工程发生质量、安全、进度等方面问题给建设单位造成损失时，建设单位即可以根据总承包合同向总承包单位追究违约责任，也可以依据法律规定直接要求分包单位承担损害赔偿责任，分包单位不得拒绝。

20. 建筑工程安全生产管理必须坚持安全第一、预防为主的方针。预防为主体现在建筑工程安全生产管理的全过程中，具体是指（　　）、事后总结。
A. 事先策划、事中控制　B. 事前控制、事中防范
C. 事前防范、监督策划　D. 事先策划、全过程自控

【答案】A

【解析】"预防为主"则体现在事先策划、事中控制、事后总结，通过信息收集，归类分析，制定预案，控制防范。

21. 以下关于建设工程安全生产基本制度的说法中，正确的是（　　）。
A. 群防群治制度是建筑生产中最基本的安全管理制度
B. 建筑施工企业应当对直接施工人员进行安全教育培训
C. 安全检查制度是安全生产的保障
D. 施工中发生事故时，建筑施工企业应当及时清理事故现场并向建设单位报告

【答案】C

【解析】安全生产责任制度是建筑生产中最基本的安全管理制度，是所有安全规章制

度的核心,是安全第一、预防为主方针的具体体现。群防群治制度也是"安全第一、预防为主"的具体体现,同时也是群众路线在安全工作中的具体体现,是企业进行民主管理的重要内容。《建筑法》第51条规定,施工中发生事故时,建筑施工企业应当采取紧急措施减少人员伤亡和事故损失,并按照国家有关规定及时向有关部门报告。安全检查制度是安全生产的保障。

22. 针对事故发生的原因,提出防止相同或类似事故发生的切实可行的预防措施,并督促事故发生单位加以实施,以达到事故调查和处理的最终目的。此款符合"四不放过"事故处理原则的（　　）原则。

　　A. 事故原因不清楚不放过　　B. 事故责任者和群众没有受到教育不放过
　　C. 事故责任者没有处理不放过　D. 事故隐患不整改不放过

【答案】D

【解析】事故处理必须遵循一定的程序,坚持"四不放过"原则,即事故原因分析不清不放过;事故责任者和群众没有受到教育不放过;事故隐患不整改不放过;事故的责任者没有受到处理不放过。

23. 建筑施工单位的安全生产责任制主要包括各级领导人员的安全职责、（　　）以及施工现场管理人员及作业人员的安全职责三个方面。

　　A. 项目经理部的安全管理职责
　　B. 企业监督管理部的安全监督职责
　　C. 企业各有关职能部门的安全生产职责
　　D. 企业各级施工管理及作业部门的安全职责

【答案】C

【解析】建筑施工单位的安全生产责任制主要包括各级领导人员的安全职责、企业各有关职能部门的安全生产职责以及施工现场管理人员及作业人员的安全职责三个方面。

24. 建设工程项目的竣工验收,应当由（　　）依法组织进行。
　　A. 建设单位　B. 建设单位或有关主管部门　C. 国务院有关主管部门　D. 施工单位

【答案】B

【解析】建设工程项目的竣工验收,指在建筑工程已按照设计要求完成全部施工任务,准备交付给建设单位使用时,由建设单位或有关主管部门依照国家关于建筑工程竣工验收制度的规定,对该项工程是否符合设计要求和工程质量标准所进行的检查、考核工作。

25. 《中华人民共和国安全生产法》主要对生产经营单位的安全生产保障、（　　）、安全生产的监督管理、生产安全事故的应急救援与调查处理四个主要方面做出了规定。

　　A. 生产经营单位的法律责任　B. 安全生产的执行
　　C. 从业人员的权利和义务　D. 施工现场的安全

【答案】C

【解析】《中华人民共和国安全生产法》对生产经营单位的安全生产保障、从业人员的权利和义务、安全生产的监督管理、安全生产事故的应急救援与调查处理四个主要方面做出了规定。

26. 以下关于生产经营单位的主要负责人的职责的说法中,不正确的是（　　）。
　　A. 建立、健全本单位安全生产责任制

B. 保证本单位安全生产投入的有效实施
C. 根据本单位的生产经营特点,对安全生产状况进行经常性检查
D. 组织制定并实施本单位的生产安全事故应急救援预案

【答案】C

【解析】《安全生产法》第17条规定:生产经营单位的主要负责人对本单位安全生产工作负有下列职责:A. 建立、健全本单位安全生产责任制;B. 组织制定本单位安全生产规章制度和操作规程;C. 保证本单位安全生产投入的有效实施;D. 督促、检查本单位的安全生产工作,及时消除生产安全事故隐患;E. 组织制定并实施本单位的生产安全事故应急救援预案;F. 及时、如实报告生产安全事故。

27. 下列关于矿山建设项目和用于生产、储存危险物品的建设项目的说法中,正确的是( )。
   A. 安全设计应当按照国家有关规定报经有关部门审查
   B. 竣工投入生产或使用前,由监理单位进行验收并对验收结果负责
   C. 涉及生命安全、危险性较大的特种设备的目录应由国务院建设行政主管部门制定
   D. 安全设施设计的审查结果由建设单位负责

【答案】A

【解析】《安全生产法》第26条规定:矿山建设项目和用于生产、储存危险物品的建设项目的安全设计应当按照国家有关规定报经有关部门审查,审查部门及其负责审查的人员对审查结果负责。《安全生产法》第27条规定:矿山建设项目和用于生产、储存危险物品的建设项目竣工投入生产或使用前,必须依照有关法律、行政法规的规定对安全设施进行验收;验收合格后,方可投入生产和使用。验收部门及其验收人员对验收结果负责。《安全生产法》第30条规定:涉及生命安全、危险性较大的特种设备的目录应由国务院负责特种设备安全监督管理的部门制定,报国务院批准后执行。

28. 下列措施中,不属于物质资源管理措施的是( )。
   A. 生产经营项目、场所的协调管理   B. 设备的日常管理
   C. 对废弃危险物品的管理   D. 设备的淘汰制度

【答案】C

【解析】物质资源管理由设备的日常管理、设备的淘汰制度、生产经营项目、场所、设备的转让管理、生产经营项目、场所的协调管理等四方面构成。

29. 下列关于生产经营单位安全生产保障的说法中,正确的是( )。
   A. 生产经营单位可以将生产经营项目、场所、设备发包给建设单位指定认可的不具有相应资质等级的单位或个人
   B. 生产经营单位的特种作业人员经过单位组织的安全作业培训方可上岗作业
   C. 生产经营单位必须依法参加工伤社会保险,为从业人员缴纳保险费
   D. 生产经营单位仅需要为工业人员提供劳动防护用品

【答案】C

【解析】《安全生产法》第23条规定:生产经营单位的特种作业人员必须按照国家有关规定经专门的安全作业培训,取得特种作业操作资格证书,方可上岗作业。《安全生产法》第41条规定:生产经营单位不得将生产经营项目、场所、设备发包或出租给不具备

安全生产条件或者相应资质条件的单位或个人。《安全生产法》第37条规定：生产经营单位必须为工业人员提供符合国家标准或者行业标准的劳动防护用品，并监督、教育从业人员按照使用规则佩戴、使用。《安全生产法》第43条规定：生产经营单位必须依法参加工伤社会保险，为从业人员缴纳保险费。

30. 下列措施中，不属于生产经营单位安全生产保障措施中经济保障措施的是（　　）。
   A. 保证劳动防护用品、安全生产培训所需要的资金
   B. 保证工伤社会保险所需要的资金
   C. 保证安全设施所需要的资金
   D. 保证员工食宿设备所需要的资金

【答案】D

【解析】生产经营单位安全生产经济保障措施指的是保证安全生产所必需的资金，保证安全设施所需要的资金，保证劳动防护用品、安全生产培训所需要的资金，保证工商社会保险所需要的资金。

31. 根据《安全生产法》规定，安全生产中从业人员的义务不包括（　　）。
   A. 遵章守法　　　B. 接受安全生产教育和培训
   C. 安全隐患及时报告　D. 紧急处理安全事故

【答案】D

【解析】生产经营单位的从业人员依法享有知情权，批评权和检举、控告权，拒绝权，紧急避险权，请求赔偿权，获得劳动防护用品的权利和获得安全生产教育和培训的权利。

32. 下列关于负有安全生产监督管理职责的部门行使职权的说法，错误的是（　　）。
   A. 进入生产经营单位进行检查，调阅有关资料，向有关单位和人员了解情况
   B. 重大事故隐患排除后，即可恢复生产经营和使用
   C. 对检查中发现的安全生产违法行为，当场予以纠正或者要求限期改正
   D. 对检查中发现的事故隐患，应当责令立即排除

【答案】B

【解析】《安全生产法》第56条规定：负有安全生产监督管理职责的部门依法对生产经营单位执行有关安全生产的法律、法规和国家标准或者行业标准的情况进行监督检查，行使以下职权：1) 进入生产经营单位进行检查，调阅有关资料，向有关单位和人员了解情况；2) 对检查中发现的安全生产违法行为，当场予以纠正或者要求限期改正；对依法应当给予行政处罚的行为，依照本法和其他有关法律、行政法规作出行政处罚决定；3) 对检查中发现的事故隐患，应当责令立即排除；重大事故隐患排除前或者排除过程中无法保障安全的，应当责令从危险区域内撤出作业人员，责令暂时停产停业或者停止使用；重大事故隐患排除后，经审查同意，方可恢复生产经营和使用；4) 对有根据认为不符合保障安全生产的国家标准或者行业标准的设施、设备、器材可予以查封或者扣押，并应当在15日内依法做出处理决定。

33. 下列各项中，不属于安全生产监督检查人员义务的是（　　）。
   A. 对检查中发现的安全生产违法行为，当场予以纠正或者要求限期改正
   B. 执行监督检查任务时，必须出示有效的监督执法证件
   C. 对涉及被检查单位的技术秘密和业务秘密，应当为其保密

D. 应当忠于职守，坚持原则，秉公执法

【答案】A

【解析】《安全生产法》第58条的规定了安全生产监督检查人员的义务：1）应当忠于职守，坚持原则，秉公执法；2）执行监督检查任务时，必须出示有效的监督执法证件；3）对涉及被检查单位的技术秘密和业务秘密，应当为其保密。

34. 根据《生产安全事故报告和调查处理条例》规定：造成10人及以上30人以下死亡，或者50人及以上100人以下重伤，或者5000万元及以上1亿元以下直接经济损失的事故属于（　　）。

A. 重伤事故　B. 较大事故　C. 重大事故　D. 死亡事故

【答案】C

【解析】国务院《生产安全事故报告和调查处理条例》规定：根据生产安全事故造成的人员伤亡或者直接经济损失，事故一般分为以下等级：1）特别重大事故，是指造成30人及以上死亡，或者100人及以上重伤（包括急性工业中毒，下同），或者1亿元及以上直接经济损失的事故；2）重大事故，是指造成10人及以上30人以下死亡，或者50人及以上100人以下重伤，或者5000万元及以上1亿元以下直接经济损失的事故；3）较大事故，是指造成3人及以上10人以下死亡，或者10人及以上50人以下重伤，或者1000万元及以上5000万元以下直接经济损失的事故；4）一般事故，是指造成3人以下死亡，或者10人以下重伤，或者1000万元以下直接经济损失的事故。

35. 以下关于安全事故调查的说法中，错误的是（　　）。

A. 重大事故由事故发生地省级人民政府负责调查

B. 较大事故的事故发生地与事故发生单位不在同一个县级以上行政区域的，由事故发生单位所在地的人民政府负责调查，事故发生地人民政府应当派人参加

C. 一般事故以下等级事故，可由县级人民政府直接组织事故调查，也可由上级人民政府组织事故调查

D. 特别重大事故由国务院或者国务院授权有关部门组织事故调查组进行调查

【答案】B

【解析】《生产安全事故报告和调查处理条例》规定了事故调查的管辖。特别重大事故由国务院或者国务院授权有关部门组织事故调查组进行调查。重大事故、较大事故、一般事故分别由事故发生地省级人民政府、设区的市级人民政府、县级人民政府负责调查。省级人民政府、设区的市级人民政府、县级人民政府可以直接组织事故调查组进行调查，也可以授权或者委托有关部门组织事故调查组进行调查。未造成人员伤亡的一般事故，县级人民政府也可以委托事故发生单位组织事故调查组进行调查。上级人民政府认为必要时，可以调查由下级人民政府负责调查的事故。特别重大事故以下等级事故，事故发生地与事故发生单位不在同一个县级以上行政区域的，由事故发生地人民政府负责调查，事故发生单位所在地人民政府应当派人参加。

36. 以下说法中，不属于施工单位主要负责人的安全生产方面的主要职责的是（　　）。

A. 对所承建的建设工程进行定期和专项安全检查，并做好安全检查记录

B. 制定安全生产规章制度和操作规程

C. 落实安全生产责任制度和操作规程

D. 建立健全安全生产责任制度和安全生产教育培训制度

【答案】C

【解析】《安全生产管理条例》第21条规定：施工单位主要负责人依法对本单位的安全生产工作负全责。具体包括：A. 建立健全安全生产责任制度和安全生产教育培训制度；B. 制定安全生产规章制度和操作规程；C. 保证本单位安全生产条件所需资金的投入；D. 对所承建的建设工程进行定期和专项安全检查，并做好安全检查记录。

37. 以下关于专职安全生产管理人员的说法中，有误的是（　　）。
   A. 施工单位安全生产管理机构的负责人及其工作人员属于专职安全生产管理人员
   B. 施工现场专职安全生产管理人员属于专职安全生产管理人员
   C. 专职安全生产管理人员是指经过建设单位安全生产考核合格取得安全生产考核证书的专职人员
   D. 专职安全生产管理人员应当对安全生产进行现场监督检查

【答案】C

【解析】《安全生产管理条例》第23条规定：施工单位应当设立安全生产管理机构，配备专职安全生产管理人员。专职安全生产管理人员是指经建设主管部门或者其他有关部门安全生产考核合格，并取得安全生产考核合格证书在企业从事安全生产管理工作的专职人员，包括施工单位安全生产管理机构的负责人及其工作人员和施工现场专职安全生产管理人员。

专职安全生产管理人员的安全责任主要包括：对安全生产进行现场监督检查。发现安全事故隐患，应当及时向项目负责人和安全生产管理机构报告；对于违章指挥、违章操作的，应当立即制止。

38. 下列选项中，哪类安全生产教育培训不是必须的？（　　）
   A. 施工单位的主要负责人的考核　　B. 特种作业人员的专门培训
   C. 作业人员进入新岗位前的安全生产教育培训　　D. 监理人员的考核培训

【答案】D

【解析】《安全生产管理条例》第36条规定：施工单位的主要负责人、项目负责人、专职安全生产管理人员应当经建设行政主管部门或其他有关部门考核合格后方可任职。《安全生产管理条例》第36条规定：施工单位应当对管理人员和作业人员每年至少进行一次安全生产教育培训，其教育培训情况记入个人工作档案。安全生产教育培训考核不合格的人员，不得上岗。《安全生产管理条例》第37条对新岗位培训作了两方面规定。一是作业人员进入新的岗位或者新的施工现场前，应当接受安全生产教育培训。未经教育培训或者教育培训考核不合格的人员，不得上岗作业；二是施工单位在采用新技术、新工艺、新设备、新材料时，应当对作业人员进行相应的安全生产教育培训。《安全生产管理条例》第25条规定：垂直运输机械作业人员、安装拆卸工、爆破作业人员、起重信号工、登高架设作业人员等特种作业人员，必须按照国家有关规定经过专门的安全作业培训，并取得特种作业操作资格证书后，方可上岗作业。

39. （　　），对安全技术措施、专项施工方案和安全技术交底做出了明确的规定。
   A.《建筑法》　　　　　　　　B.《安全生产法》
   C.《建设工程安全生产管理条例》　　D.《安全生产事故报告和调查处理条例》

【答案】C

【解析】施工单位应采取的安全措施有编制安全技术措施、施工现场临时用电方案和专项施工方案,安全施工技术交底,施工现场安全警示标志的设置,施工现场的安全防护,施工现场的布置应当符合安全和文明施工要求,对周边环境采取防护措施,施工现场的消防安全措施,安全防护设备管理,起重机械设备管理和办理意外伤害保险等十个方面,对安全技术措施、专项施工方案和安全技术交底包含在内。

40. 对达到一定规模的危险性较大的分部分项工程编制专项施工方案,并附具安全验算结果,经( )签字后实施,由专职安全生产管理人员进行现场监督。
A. 施工单位技术负责人、总监理工程师　　B. 建设单位负责人、总监理工程师
C. 施工单位技术负责人、监理工程师　　　D. 建设单位负责人、监理工程师

【答案】A

【解析】《建设工程安全生产管理条例》第26条规定,对达到一定规模的危险性较大的分部分项工程编制专项施工方案,并附具安全验算结果,经施工单位技术负责人、总监理工程师签字后实施,由专职安全生产管理人员进行现场监督。

41. 《特种设备安全监察条例》规定的施工起重机械,在验收前应当经有相应资质的检验检测机构监督检验合格。施工单位应当自施工起重机械和整体提升脚手架、模板等自升式架设设施验收合格之日起( )日内,向建设行政主管部门或者其他有关部门登记。
A. 15　B. 30　C. 7　D. 60

【答案】B

【解析】《特种设备安全监察条例》规定的施工起重机械,在验收前应当经有相应资质的检验检测机构监督检验合格。施工单位应当自施工起重机械和整体提升脚手架、模板等自升式架设设施验收合格之日起30日内,向建设行政主管部门或者其他有关部门登记。登记标志应当置于或者附着于该设备的显著位置。

42. 施工单位为施工现场从事危险作业的人员办理的意外伤害保险期限自建设工程开工之日起至( )为止。
A. 工程完工　B. 交付使用　C. 竣工验收合格　D. 该人员工作完成

【答案】C

【解析】《安全生产管理条例》第38条规定:施工单位应当为施工现场从事危险作业的人员办理意外伤害保险。意外伤害保险费由施工单位支付。实行施工总承包的,由总承包单位支付意外伤害保险费。意外伤害保险期限自建设工程开工之日起至竣工验收合格止。

43. 质量检测试样的取样应当严格执行有关工程建设标准和国家有关规定,在( )监督下现场取样。提供质量检测试样的单位和个人,应当对试样的真实性负责。
A. 建设单位或工程监理单位　　B. 建设单位或质量监督机构
C. 施工单位或工程监理单位　　D. 质量监督机构或工程监理单位

【答案】A

【解析】《质量管理条例》第31条规定:施工人员对涉及结构安全的试块、试件以及有关材料,应当在建设单位或者工程监理单位监督下现场取样,并送具有相应资质等级的

质量检测单位进行检测。

44. 某项目分期开工建设，开发商二期工程 3、4 号楼仍然复制使用一期工程施工图纸。施工时施工单位发现该图纸使用的 02 标准图集现已废止，按照《质量管理条例》的规定，施工单位正确的做法是（　　）。

　　A. 继续按图施工，因为按图施工是施工单位的本分

　　B. 按现行图集套改后继续施工

　　C. 及时向有关单位提出修改意见

　　D. 有施工单位技术人员修改图纸

【答案】C

【解析】《质量管理条例》第 28 条规定：施工单位必须按照工程设计图纸和施工技术标准施工，不得擅自修改工程设计，不得偷工减料。施工单位在施工过程中发现设计文件和图纸有差错的，应当及时提出意见和建议。

45. 根据《质量管理条例》规定，施工单位应当对建筑材料、建筑构配件、设备和商品混凝土进行检验，下列做法不符合规定的是（　　）。

　　A. 未经检验的，不得用于工程上

　　B. 检验不合格的，应当重新检验，直至合格

　　C. 检验要按规定的格式形成书面记录

　　D. 检验要有相关的专业人员签字

【答案】B

【解析】《质量管理条例》第 29 条规定：施工单位必须按照工程设计要求、施工技术标准和合同约定，对建筑材料、建筑构配件、设备和商品混凝土进行检验，检验应当有书面记录和专人签字；未经检验或者检验不合格的，不得使用。

46. 根据有关法律法规有关工程返修的规定，下列说法正确的是（　　）。

　　A. 对施工过程中出现质量问题的建设工程，若非施工单位原因造成的，施工单位不负责返修

　　B. 对施工过程中出现质量问题的建设工程，无论是否施工单位原因造成的，施工单位都应负责返修

　　C. 对竣工验收不合格的建设工程，若非施工单位原因造成的，施工单位不负责返修

　　D. 对竣工验收不合格的建设工程，若是施工单位原因造成的，施工单位负责有偿返修

【答案】B

【解析】《质量管理条例》第 32 条规定：施工单位对施工中出现质量问题的建设工程或者竣工验收不合格的建设工程，应当负责返修。在建设工程竣工验收合格前，施工单位应对质量问题履行返修义务；建设工程竣工验收合格后，施工单位应对保修期内出现的质量问题履行保修义务。《合同法》第 281 条对施工单位的返修义务也有相应规定：因施工人原因致使建设工程质量不符合约定的，发包人有权要求施工人在合理期限内无偿修理或者返工、改建。经过修理或者返工、改建后，造成逾期交付的，施工人应当承担违约责任。

47. 下列社会关系中，属于我国劳动法调整的劳动关系的是（　　）。

A. 施工单位与某个体经营者之间的加工承揽关系
B. 劳动者与施工单位之间在劳动过程中发生的关系
C. 家庭雇佣劳动关系
D. 社会保险机构与劳动者之间的关系

【答案】B

【解析】劳动合同是劳动者与用工单位之间确立劳动关系，明确双方权利和义务的协议。这里的劳动关系，是指劳动者与用人单位（包括各类企业、个体工商户、事业单位等）在实现劳动过程中建立的社会经济关系。

48. 采用欺诈、威胁等手段订立的劳动合同为（　　）劳动合同。
A. 有效　B. 无效　C. 可变更　D. 可撤销

【答案】B

【解析】《劳动合同法》第19条规定：下列劳动合同无效或者部分无效：①以欺诈、胁迫的手段或者乘人之危，使对方在违背真实意愿的情况下订立或者变更劳动合同的；②用人单位免除自己的法定责任、排除劳动者权利的；③违反法律、行政法规强制性规定的。对劳动合同的无效或者部分无效有争议的，由劳动争议仲裁机构或者人民法院确认。

49. 张某在甲施工单位公司连续工作满8年，李某与乙监理公司已经连续订立两次固定期限劳动合同，但因公负伤不能从事原先工作；王某来丙公司工作2年，并被董事会任命为总经理；赵某在丁公司累计工作了12年，但期间曾离开过丁公司。则应签订无固定期限劳动合同的是（　　）。
A. 张某　B. 李某　C. 王某　D. 赵某

【答案】B

【解析】有下列情形之一，劳动者提出或者同意续订、订立劳动合同的，除劳动者提出订立固定期限劳动合同外，应当订立无固定期限劳动合同：①劳动者在该用人单位连续工作满10年的；②用人单位初次实行劳动合同制度或者国有企业改制重新订立劳动合同时，劳动者在该用人单位连续工作满10年且距法定退休年龄不足10年的；③连续订立二次固定期限劳动合同，且劳动者没有本法第39条（即用人单位可以解除劳动合同的条件）和第40条第1项、第2项规定（及劳动者患病或非因公负伤，在规定的医疗期满后不能从事原工作，也不能从事由用人单位另行安排的工作的；劳动者不能胜任工作，经过培训或者调整工作岗位，仍不能胜任工作）的情形，续订劳动合同的。

50. 甲建筑材料公司聘请王某担任推销员，双方签订劳动合同，约定劳动试用期6个月，6个月后再根据王某工作情况，确定劳动合同期限，下列选项中表述正确的是（　　）。
A. 甲建筑材料公司与王某订立的劳动合同属于无固定期限合同
B. 王某的工作不满一年，试用期不得超过一个月
C. 劳动合同的试用期不得超过6个月，所以王某的试用期是成立的
D. 试用期是不成立的，6个月应为劳动合同期限

【答案】D

【解析】《劳动合同法》第19条进一步明确：劳动合同期限3个月以上不满1年的，试用期不得超过1个月；劳动合同期限1年以上不满3年的，试用期不得超过2个月；3年以上固定期限和无固定期限的劳动合同，试用期不得超过6个月。试用期包含在劳动合

同期限内。劳动合同仅约定试用期的，试用期不成立，该期限为劳动合同期限。

51. 甲建筑材料公司聘请王某担任推销员，双方签订劳动合同，合同中约定如果王某完成承包标准，每月基本工资 1000 元，超额部分按 40% 提成，若不完成任务，可由公司扣减工资。下列选项中表述正确的是（　　）。

　　A. 甲建筑材料公司不得扣减王某工资
　　B. 由于在试用期内，所以甲建筑材料公司的做法是符合《劳动合同法》的
　　C. 甲公司可以扣发王某的工资，但是不得低于用人单位所在地的最低工资标准
　　D. 试用期内的工资不得低于本单位相同岗位的最低档工资

【答案】C

【解析】《劳动合同法》第 20 条规定：劳动者在试用期的工资不得低于本单位相同岗位最低档工资或者劳动合同约定工资的 80%，并不得低于用人单位所在地的最低工资标准。

52. 根据《劳动合同法》规定，无固定期限劳动合同可以约定试用期，但试用期最长不得超过（　　）个月。

　　A. 1　B. 2　C. 3　D. 6

【答案】D

【解析】《劳动合同法》第 19 条进一步明确：劳动合同期限 3 个月以上不满 1 年的，试用期不得超过 1 个月；劳动合同期限 1 年以上不满 3 年的，试用期不得超过 2 个月；3 年以上固定期限和无固定期限的劳动合同，试用期不得超过 6 个月。试用期包含在劳动合同期限内。劳动合同仅约定试用期的，试用期不成立，该期限为劳动合同期限。

53. 贾某与乙建筑公司签订了一份劳动合同，在合同尚未期满时，贾某拟解除劳动合同。根据规定，贾某应当提前（　　）日以书面形式通知用人单位。

　　A. 3　B. 15　C. 15　D. 30

【答案】D

【解析】劳动者提前 30 日以书面形式通知用人单位，可以解除劳动合同。劳动者在试用期内提前 3 日通知用人单位，可以解除劳动合同。

54. 根据《劳动合同法》，下列选项中，用人单位可以解除劳动合同的情形是（　　）。

　　A. 职工患病，在规定的医疗期内　　B. 职工非因工负伤，伤愈出院
　　C. 女职工在孕期间　　D. 女职工在哺乳期内

【答案】B

【解析】《劳动合同法》第 39 条规定：劳动者有下列情形之一的，用人单位可以解除劳动合同：A. 在试用期间被证明不符合录用条件的；B. 严重违反用人单位的规章制度的；C. 严重失职，营私舞弊，给用人单位造成重大损害的；D. 劳动者同时与其他用人单位建立劳动关系，对完成本单位的工作任务造成严重影响，或者经用人单位提出，拒不改正的；E. 因本法第二十六条第一款第一项规定的情形致使劳动合同无效的；F. 被依法追究刑事责任的。《劳动合同法》第 40 条规定：有下列情形之一的，用人单位提前 30 日以书面形式通知劳动者本人或者额外支付劳动者 1 个月工资后，可以解除劳动合同：A. 劳动者患病或者非因工负伤，在规定的医疗期满后不能从事原工作，也不能从事由用人单位另行安排的工作的；B. 劳动者不能胜任工作，经过培训或者调整工作岗位，仍不能胜任

工作的；C. 劳动合同订立时所依据的客观情况发生重大变化，致使劳动合同无法履行，经用人单位与劳动者协商，未能就变更劳动合同内容达成协议的。

55. 在下列情形中，用人单位可以解除劳动合同，但应当提前 30 天以书面形式通知劳动者本人的是（   ）。

   A. 小王在试用期内迟到早退，不符合录用条件
   B. 小李因盗窃被判刑
   C. 小张在外出执行任务时负伤，失去左腿
   D. 小吴下班时间酗酒摔伤住院，出院后不能从事原工作也拒不从事单位另行安排的工作

【答案】D

【解析】《劳动合同法》第 40 条规定：有下列情形之一的，用人单位提前 30 日以书面形式通知劳动者本人或者额外支付劳动者 1 个月工资后，可以解除劳动合同：A. 劳动者患病或者非因工负伤，在规定的医疗期满后不能从事原工作，也不能从事由用人单位另行安排的工作的；B. 劳动者不能胜任工作，经过培训或者调整工作岗位，仍不能胜任工作的；C. 劳动合同订立时所依据的客观情况发生重大变化，致使劳动合同无法履行，经用人单位与劳动者协商，未能就变更劳动合同内容达成协议的。

56. 按照《劳动合同法》的规定，在下列选项中，用人单位提前 30 天以书面形式通知劳动者本人或额外支付 1 个月工资后可以解除劳动合同的情形是（   ）。

   A. 劳动者患病或非因工负伤在规定的医疗期满后不能胜任原工作的
   B. 劳动者试用期间被证明不符合录用条件的
   C. 劳动者被依法追究刑事责任的
   D. 劳动者不能胜任工作，经培训或调整岗位仍不能胜任工作的

【答案】D

【解析】《劳动合同法》第 40 条规定：有下列情形之一的，用人单位提前 30 日以书面形式通知劳动者本人或者额外支付劳动者 1 个月工资后，可以解除劳动合同：A. 劳动者患病或者非因工负伤，在规定的医疗期满后不能从事原工作，也不能从事由用人单位另行安排的工作的；B. 劳动者不能胜任工作，经过培训或者调整工作岗位，仍不能胜任工作的；C. 劳动合同订立时所依据的客观情况发生重大变化，致使劳动合同无法履行，经用人单位与劳动者协商，未能就变更劳动合同内容达成协议的。

57. 不属于随时解除劳动合同的情形的是（   ）。

   A. 某单位司机李某因交通肇事罪被判处有期徒刑 3 年
   B. 某单位发现王某在试用期间不符合录用条件
   C. 石某在工作期间严重失职，给单位造成重大损失
   D. 职工姚某无法胜任本岗位工作，经过培训仍然无法胜任工作的

【答案】D

【解析】《劳动合同法》第 39 条规定：劳动者有下列情形之一的，用人单位可以解除劳动合同：A. 在试用期间被证明不符合录用条件的；B. 严重违反用人单位的规章制度的；C. 严重失职，营私舞弊，给用人单位造成重大损害的；D. 劳动者同时与其他用人单位建立劳动关系，对完成本单位的工作任务造成严重影响，或者经用人单位提出，拒不改

正的;E. 因本法第二十六条第一款第一项规定的情形致使劳动合同无效的;F. 被依法追究刑事责任的。

58. 王某应聘到某施工单位,双方于4月15日签订为期3年的劳动合同,其中约定试用期3个月,次日合同开始履行。7月18日,王某拟解除劳动合同,则(　　)。

A. 必须取得用人单位同意

B. 口头通知用人单位即可

C. 应提前30日以书面形式通知用人单位

D. 应报请劳动行政主管部门同意后以书面形式通知用人单位

【答案】C

【解析】劳动者提前30日以书面形式通知用人单位,可以解除劳动合同。劳动者在试用期内提前3日通知用人单位,可以解除劳动合同。

59. 2013年1月,甲建筑材料公司聘请王某担任推销员,但2013年3月,由于王某怀孕,身体健康状况欠佳,未能完成任务,为此,公司按合同的约定扣减工资,只发生活费,其后,又有两个月均未能完成承包任务,因此,甲公司作出解除与王某的劳动合同。下列选项中表述正确的是(　　)。

A. 由于在试用期内,甲公司可以随时解除劳动合同

B. 由于王某不能胜任工作,甲公司应提前30日通知王某,解除劳动合同

C. 甲公司可以支付王某一个月工资后解除劳动合同

D. 由于王某在怀孕期间,所以甲公司不能解除劳动合同

【答案】D

【解析】《劳动合同法》第42条规定:劳动者有下列情形之一的,用人单位不得依照本法第40条、第41条的规定解除劳动合同:①从事接触职业病危害作业的劳动者未进行离岗前职业健康检查,或者疑似职业病病人在诊断或者医学观察期间的;②在本单位患职业病或者因工负伤并被确认丧失或者部分丧失劳动能力的;③患病或者非因工负伤,在规定的医疗期内的;④女职工在孕期、产期、哺乳期的;⑤在本单位连续工作满十五年,且距法定退休年龄不足五年的;⑥法律、行政法规规定的其他情形。

60. 《劳动法》中关于劳动安全卫生的有关规定未对用人单位提出严格要求的是(　　)。

A. 执行国家劳动卫生安全规程和标准

B. 为劳动者办理意外伤害保险

C. 对劳动者进行劳动安全卫生教育

D. 对从事有职业危害作业的劳动者应当定期进行健康检查

【答案】B

【解析】根据《劳动法》的有关规定,用人单位和劳动者应当遵守如下有关劳动安全卫生的法律规定:1) 用人单位必须建立、健全劳动安全卫生制度,严格执行国家劳动安全卫生规程和标准,对劳动者进行劳动安全卫生教育,防止劳动过程中的事故,减少职业危害。2) 劳动安全卫生设施必须符合国家规定的标准。新建、改建、扩建工程的劳动安全卫生设施必须与主体工程同时设计、同时施工、同时投入生产和使用。3) 用人单位必须为劳动者提供符合国家规定的劳动安全卫生条件和必要的劳动防护用品,对从事有职业

危害作业的劳动者应当定期进行健康检查。4）从事特种作业的劳动者必须经过专门培训并取得特种作业资格。5）劳动者在劳动过程中必须严格遵守安全操作规程。劳动者对用人单位管理人员违章指挥、强令冒险作业，有权拒绝执行；对危害生命安全和身体健康的行为，有权提出批评、检举和控告。

三、多选题

1. 我国建设法规体系由以下哪些层次组成？
   A. 建设行政法规　B. 地方性建设法规　C. 建设部门规章
   D. 建设法律　　　E. 地方建设规章

【答案】ABCDE

【解析】我国建设法规体系由建设法律、建设行政法规、建设部门规章、地方性建设法规和地方建设规章五个层次组成。

2. 以下法规属于建设法律的是（　　）。
   A. 《中华人民共和国建筑法》　　　B. 《中华人民共和国招标投标法》
   C. 《中华人民共和国城乡规划法》　D. 《建设工程质量管理条例》
   E. 《建设工程安全生产管理条例》

【答案】ABC

【解析】建设法律是指由全国人民代表大会及其常务委员会制定通过，由国家主席以主席令的形式发布的属于国务院建设行政主管部门业务范围的各项法律，如《中华人民共和国建筑法》、《中华人民共和国招标投标法》、《中华人民共和国城乡规划法》等。建设行政法规的名称常以"条例"、"办法"、"规定"、"规章"等名称出现，如《建设工程质量管理条例》、《建设工程安全生产管理条例》等。

3. 以下关于地方的立法权相关问题，说法正确的是（　　）。
   A. 我国的地方人民政府分为省、地、市、县、乡五级
   B. 直辖市、自治区属于地方人民政府地级这一层次
   C. 省、自治区、直辖市以及省会城市、自治区首府有立法权
   D. 县、乡级没有立法权
   E. 地级市中国务院批准的规模较大的市有立法权

【答案】CDE

【解析】关于地方的立法权问题，地方是与中央相对应的一个概念，我国的地方人民政府分为省、地、县、乡四级。其中省级中包括直辖市，县级中包括县级市即不设区的市。县、乡级没有立法权。省、自治区、直辖市以及省会城市、自治区首府有立法权。而地级市中只有国务院批准的规模较大的市有立法权，其他地级市没有立法权。

4. 《建筑法》规定（　　）。
   A. 承包企业应当持有依法取得的资质证书
   B. 应在其资质等级许可的业务范围内承揽工程
   C. 禁止超越本企业资质等级许可的业务范围承揽工程
   D. 禁止其他单位或个人以本企业名义承揽工程
   E. 建筑工程安全生产管理必须坚持安全第一、预防为主的方针

【答案】ABCD

【解析】《建筑法》规定：承包建筑工程的单位应当持有依法取得的资质证书，并在其资质等级许可的业务范围内承揽工程。禁止建筑施工企业超越本企业资质等级许可的业务范围或者以任何形式用其他建筑施工企业的名义承揽工程。禁止建筑施工企业以任何形式允许其他单位或个人使用本企业的资质证书、营业执照，以本企业的名义承揽工程。

5. 建设工程施工合同具有下列情形之一的，认定无效：（　　）
   A. 施工总承包单位将劳务作业分包给具有相应资质等级的劳务分包企业的
   B. 建设工程必须进行招标而未招标或者中标无效的
   C. 承包人未取得建筑施工企业资质或者超越资质等级的
   D. 没有资质的实际施工人借用有资质的建筑施工企业名义的
   E. 特级房屋建筑工程施工总承包单位承担单项建安合同额超过企业注册资本金5倍的建筑面积20万m²以上的住宅小区建设的

【答案】BCD

【解析】2005年1月1日开始实行的《最高人民法院关于审理建设工程施工合同纠纷案件适用法律问题的解释》第1条规定：建设工程施工合同具有下列情形之一的，应当根据合同法第52条第（5）项的规定，认定无效：1）承包人未取得建筑施工企业资质或者超越资质等级的；2）没有资质的实际施工人借用有资质的建筑施工企业名义的；3）建设工程必须进行招标而未进行招标或者中标无效的。

6. 下列关于联合体承包工程的表述中，正确的有（　　）。
   A. 联合体只能按成员中资质等级低的单位的业务许可范围承包工程
   B. 联合体各方对承包合同的履行负连带责任
   C. 如果出现赔偿责任，建设单位只能向联合体索偿
   D. 联合体承包工程不利于规避承包风险
   E. 联合体的成员单位都附有清偿全部债务的义务

【答案】ABE

【解析】两个以上的承包单位组成联合体共同承包建设工程的行为成为联合承包。依据《建筑法》第27条，联合体作为投标人投标时，应当按照资质等级较低的单位的业务许可范围承揽工程。联合体的成员单位对承包合同的履行承担连带责任。《民法通则》第87条规定，负有连带义务的每个债务人，都有清偿全部债务的义务。因此，联合体的成员单位都附有清偿全部债务的义务。

7. 《建筑法》规定：禁止总承包单位将工程分包给不具备相应资质条件的单位，禁止分包单位将其承包的工程再分包。以下情形属于违法分包的是（　　）。
   A. 分包单位将其承包的建设工程再分包的
   B. 施工总承包人或专业分包人将其承包工程中的劳务作业分包给劳务分包企业
   C. 总承包单位将建设工程分包给不具备相应资质条件的单位的
   D. 建设工程总承包合同中未有约定，又未经建设单位认可，承包单位将其承包的部分建设工程交由其他单位完成的
   E. 施工总承包单位将建设工程主体结构的施工分包给其他单位的

【答案】ACDE

【解析】依据《建筑法》的规定：《建设工程质量管理条例》进一步将违法分包界定为如下几种情形：①总承包单位将建设工程分包给不具备相应资质条件的单位的；②建设工程总承包合同中未有约定，又未经建设单位认可，承包单位将其承包的部分建设工程交由其他单位完成的；③施工总承包单位将建设工程主体结构的施工分包给其他单位的；④分包单位将其承包的建设工程再分包的。

8. 建设工程安全生产基本制度包括：（　　）、（　　）、安全生产教育培训制度、（　　）、安全生产检查制度、（　　）等六个方面。

A. 安全生产责任制　　B. 群防群治制度　　C. 伤亡事故处理报告制度

D. 防范监控制度　　E. 安全责任追究制度

【答案】ABCE

【解析】建设工程安全生产基本制度包括：安全生产责任制、群防群治制度、安全生产教育培训制度、伤亡事故处理报告制度、安全生产检查制度、安全责任追究制度等六个方面。

9. 下列关于安全责任追究制度的说法，正确的是（　　）。

A. 建设单位由于没有履行职责造成人员伤亡和事故损失的，依法给予不同金额的罚款处理

B. 情节严重的，处以10万元以上50万元以下罚款，并吊销资质证书

C. 构成犯罪的，依法追究刑事责任

D. 由于没有履行职责造成人员伤亡和事故损失，情节严重的，可以责令停业整顿

E. 施工单位由于没有履行职责造成人员伤亡和事故损失，情节严重的，可以降低资质等级或吊销资质证书

【答案】CDE

【解析】建设单位、设计单位、施工单位、监理单位，由于没有履行职责造成人员伤亡和事故损失的，视情节给予相应处理；情节严重的，责令停业整顿，降低资质等级或吊销资质证书；构成犯罪的，依法追究刑事责任。

10. 以下关于建筑工程竣工验收的相关说法中，正确的是（　　）。

A. 交付竣工验收的建筑工程，必须符合规定的建筑工程质量标准

B. 建设单位同意后，可在验收前交付使用

C. 竣工验收是全面考核投资效益、检验设计和施工质量的重要环节

D. 交付竣工验收的建筑工程，需有完整的工程技术经济资料和经签署的工程保修书

E. 建筑工程竣工验收，应由施工单位组织，并会同建设单位、监理单位、设计单位实施

【答案】ACD

【解析】《建筑法》第61条规定：交付竣工验收的建筑工程，必须符合规定的建筑工程质量标准，有完整的工程技术经济资料和经签署的工程保修书，并具备国家规定的其他竣工条件。建筑工程竣工经验收合格后，方可交付使用；未经验收或验收不合格的，不得交付使用。

建设工程项目的竣工验收，指在建筑工程已按照设计要求完成全部施工任务，准备交付给建设单位使用时，由建设单位或有关主管部门依照国家关于建筑工程竣工验收制度的

规定，对该项工程是否符合设计要求和工程质量标准所进行的检查、考核工作。工程项目的竣工验收是施工全过程的最后一道工序，也是工程项目管理的最后一项工作。它是建设投资成果转入生产或使用的标志，也是全面考核投资效益、检验设计和施工质量的重要环节。

11. 生产经营单位安全生产保障措施有（　　）组成。
A. 经济保障措施　B. 技术保障措施　C. 组织保障措施
D. 法律保障措施　E. 管理保障措施

【答案】ABCE

【解析】生产经营单位安全生产保障措施有组织保障措施、管理保障措施、经济保障措施、技术保障措施四部分组成。

12. 下列属于生产经营单位的安全生产管理人员职责的是（　　）。
A. 对检查中发现的安全问题，应当立即处理；不能处理的，应当及时报告本单位有关负责人
B. 及时、如实报告生产安全事故
C. 检查及处理情况应当记录在案
D. 督促、检查本单位的安全生产工作，及时消除生产安全事故隐患
E. 根据本单位的生产经营特点，对安全生产状况进行经常性检查

【答案】ACE

【解析】《安全生产法》第38条规定：生产经营单位的安全生产管理人员应当根据本单位的生产经营特点，对安全生产状况进行经常性检查；对检查中发现的安全问题，应当立即处理；不能处理的，应当及时报告本单位有关负责人。检查及处理情况应当记录在案。

13. 《安全生产法》第17条规定，生产经营单位的主要负责人对本单位安全生产工作负有以下责任（　　）。
A. 建立、健全本单位安全生产责任制
B. 组织制定本单位安全生产规章制度和操作规程
C. 保证本单位安全生产投入的有效实施
D. 督促、检查本单位安全生产工作，及时消除生产安全事故隐患
E. 安全事故后及时进行处理

【答案】ABCD

【解析】《安全生产法》第17条规定：生产经营单位的主要负责人对本单位安全生产工作负有下列职责：A. 建立、健全本单位安全生产责任制；B. 组织制定本单位安全生产规章制度和操作规程；C. 保证本单位安全生产投入的有效实施；D. 督促、检查本单位的安全生产工作，及时消除生产安全事故隐患；E. 组织制定并实施本单位的生产安全事故应急救援预案；F. 及时、如实报告生产安全事故。

14. 下列岗位中，属于对安全设施、设备的质量负责的岗位是（　　）。
A. 对安全设施的设计质量负责的岗位
B. 对安全设施的竣工验收负责的岗位
C. 对安全生产设备质量负责的岗位

D. 对安全设施的进厂检验负责的岗位
E. 对安全生产设备施工负责的岗位

【答案】ABCE

【解析】对安全设施、设备的质量负责的岗位：A. 对安全设施的设计质量负责的岗位；B. 对安全设施的施工负责的岗位；C. 对安全设施的竣工验收负责的岗位；D. 对安全生产设备质量负责的岗位。

15. 下列措施中，属于生产经营单位安全生产保障措施中管理保障措施的有（　　）。
    A. 对新工艺、新技术、新材料或者使用新设备的管理
    B. 对主要负责人和安全生产管理人员的管理
    C. 生产经营项目、场所的协调管理
    D. 对特种作业人员的管理
    E. 生产经营项目、场所、设备的转让管理

【答案】BCDE

【解析】生产经营单位安全生产管理保障措施包括人力资源管理和物质资源管理两个方面。其中，人力资源管理由对主要负责人和安全生产管理人员的管理、对一般从业人员的管理和对特种作业人员的管理三方面构成；物质资源管理由设备的日常管理，设备的淘汰制度，生产经营项目、场所、设备的转让管理，生产经营项目、场所的协调管理等四方面构成。

16. 《安全生产法》中对于安全生产保障的人力资源管理保障措施包括（　　）。
    A. 对主要负责人和安全生产管理人员的管理
    B. 对一般从业人员的管理
    C. 对特种作业人员的管理
    D. 对施工班组的管理
    E. 对施工设备的管理

【答案】ABC

【解析】生产经营单位安全生产管理保障措施包括人力资源管理和物质资源管理两个方面。其中，人力资源管理由对主要负责人和安全生产管理人员的管理、对一般从业人员的管理和对特种作业人员的管理三方面构成。

17. 根据《安全生产法》规定，安全生产中从业人员的权利有（　　）。
    A. 批评权和检举、控告权　　B. 知情权　　　C. 紧急避险权
    D. 获得赔偿权　　　　　　　E. 危险报告权

【答案】ABCD

【解析】生产经营单位的从业人员依法享有知情权，批评权和检举、控告权，拒绝权，紧急避险权，请求赔偿权，获得劳动防护用品的权利和获得安全生产教育和培训的权利。

18. 根据《安全生产法》规定，安全生产中从业人员的义务不包括（　　）。
    A. 依法履行自律遵规
    B. 检举单位安全生产工作的违章作业
    C. 自觉学习安全生产知识
    D. 危险报告的义务

E. 按规定佩戴、使用劳动防护用品

【答案】BE

【解析】生产经营单位的从业人员的义务有：自律遵规的义务、自觉学习安全生产知识的义务、危险报告义务。

19. 国务院《生产安全事故报告和调查处理条例》规定：根据生产安全事故造成的人员伤亡或者直接经济损失，以下事故等级分类正确的有（　　）。

  A. 造成 120 人急性工业中毒的事故为特别重大事故

  B. 造成 8000 万元直接经济损失的事故为重大事故

  C. 造成 3 人死亡 800 万元直接经济损失的事故为一般事故

  D. 造成 10 人死亡 35 人重伤的事故为较大事故

  E. 造成 10 人死亡 35 人重伤的事故为重大事故

【答案】ABE

【解析】国务院《生产安全事故报告和调查处理条例》规定：根据生产安全事故造成的人员伤亡或者直接经济损失，事故一般分为以下等级：1) 特别重大事故，是指造成 30 人及以上死亡，或者 100 人及以上重伤（包括急性工业中毒，下同），或者 1 亿元及以上直接经济损失的事故；2) 重大事故，是指造成 10 人及以上 30 人以下死亡，或者 50 人及以上 100 人以下重伤，或者 5000 万元及以上 1 亿元以下直接经济损失的事故；3) 较大事故，是指造成 3 人及以上 10 人以下死亡，或者 10 人及以上 50 人以下重伤，或者 1000 万元及以上 5000 万元以下直接经济损失的事故；4) 一般事故，是指造成 3 人以下死亡，或者 10 人以下重伤，或者 1000 万元以下直接经济损失的事故。

20. 下列选项中，施工单位的项目人应当履行的安全责任主要包括（　　）。

  A. 制定安全生产规章制度和操作规程

  B. 确保安全生产费用的有效使用

  C. 组织制定安全施工措施

  D. 消除安全事故隐患

  E. 及时、如实报告生产安全事故

【答案】BCDE

【解析】根据《安全生产管理条例》第 21 条，项目负责人的安全责任主要包括：A. 落实安全生产责任制度，安全生产规章制度和操作规程；B. 确保安全生产费用的有效使用；C. 根据工程的特点组织制定安全施工措施，消除安全事故隐患；D. 及时、如实报告生产安全事故。

21. 以下关于总承包单位和分包单位的安全责任的说法中，正确的是（　　）。

  A. 总承包单位应当自行完成建设工程主体结构的施工

  B. 总承包单位对施工现场的安全生产负总责

  C. 经业主认可，分包单位可以不服从总承包单位的安全生产管理

  D. 分包单位不服从管理导致生产安全事故的，由总承包单位承担主要责任

  E. 总承包单位和分包单位对分包工程的安全生产承担连带责任

【答案】ABE

【解析】《安全生产管理条例》第 24 条规定：建设工程实行施工总承包的，由总承包

单位对施工现场的安全生产负总责。为了防止违法分包和转包等违法行为的发生，真正落实施工总承包单位的安全责任，该条进一步规定，总承包单位应当自行完成建设工程主体结构的施工。该条同时规定，总承包单位依法将建设工程分包给其他单位的，分包合同中应当明确各自的安全生产方面的权利、义务。总承包单位和分包单位对分包工程的安全生产承担连带责任。分包单位应当服从总承包单位的安全生产管理，分包单位不服从管理导致生产安全事故的，由分包单位承担主要责任。

22. 施工单位安全生产教育培训工作符合法律规定的有（　　）。
   A. 施工单位应当对管理人员和作业人员每年至少进行一次安全生产教育培训
   B. 安全生产教育培训考核不合格的人员，不得上岗
   C. 采用新技术、新工艺时，应当对管理人员进行相应的安全生产教育培训
   D. 登高架设作业人员，必须按照企业有关规定经过安全作业培训方可上岗
   E. 作业人员进入新的施工现场前，应当接受安全生产教育培训

【答案】ABE

【解析】《安全生产管理条例》第36条规定：施工单位应当对管理人员和作业人员每年至少进行一次安全生产教育培训，其教育培训情况记入个人工作档案。安全生产教育培训考核不合格的人员，不得上岗。《安全生产管理条例》第37条对新岗位培训作了两方面规定。一是作业人员进入新的岗位或者新的施工现场前，应当接受安全生产教育培训。未经教育培训或者教育培训考核不合格的人员，不得上岗作业；二是施工单位在采用新技术、新工艺、新设备、新材料时，应当对作业人员进行相应的安全生产教育培训。《安全生产管理条例》第25条规定：垂直运输机械作业人员、安装拆卸工、爆破作业人员、起重信号工、登高架设作业人员等特种作业人员，必须按照国家有关规定经过专门的安全作业培训，并取得特种作业操作资格证书后，方可上岗作业。

23. 施工单位应当根据论证报告修改完善专项方案，并经（　　）签字后，方可组织实施。
   A. 施工单位技术负责人　B. 总监理工程师　C. 项目监理工程师
   D. 建设单位项目负责人　E. 建设单位法人

【答案】AB

【解析】《建设工程安全生产管理条例》第26条规定，对达到一定规模的危险性较大的分部分项工程编制专项施工方案，并附具安全验算结果，经施工单位技术负责人、总监理工程师签字后实施，由专职安全生产管理人员进行现场监督。

24. 根据《安全生产管理条例》，以下分部分项工程需要编制专项施工方案（　　）。
   A. 模板工程　　B. 脚手架工程　C. 土方开挖工程
   D. 水电安装工程　E. 起重吊装工程

【答案】ABCE

【解析】《建设工程安全生产管理条例》第26条规定，对达到一定规模的危险性较大的分部分项工程编制专项施工方案，并附具安全验算结果，经施工单位技术负责人、总监理工程师签字后实施，由专职安全生产管理人员进行现场监督：A. 基坑支护与降水工程；B. 土方开挖工程；C. 模板工程；D. 起重吊装工程；E. 脚手架工程；F. 拆除、爆破工程；G. 国务院建设行政主管部门或其他有关部门规定的其他危险性较大的工程。

25. 以下各项中，属于施工单位的质量责任和义务的有（   ）。
   A. 建立质量保证体系
   B. 按图施工
   C. 对建筑材料、构配件和设备进行检验的责任
   D. 组织竣工验收
   E. 见证取样

【答案】ABCE

【解析】《质量管理条例》关于施工单位的质量责任和义务的条文是第25~33条。即：依法承揽工程、建立质量保证体系、按图施工、对建筑材料、构配件和设备进行检验的责任、对施工质量进行检验的责任、见证取样、保修。

26. 无效的劳动合同，从订立的时候起，就没有法律约束力。下列属于无效的劳动合同的有（   ）。
   A. 报酬较低的劳动合同
   B. 违反法律、行政法规强制性规定的劳动合同
   C. 采用欺诈、威胁等手段订立的严重损害国家利益的劳动合同
   D. 未规定明确合同期限的劳动合同
   E. 劳动内容约定不明确的劳动合同

【答案】BC

【解析】《劳动合同法》第26条规定：下列劳动合同无效或者部分无效：1）以欺诈、胁迫的手段或者乘人之危，使对方在违背真实意思的情况下订立或者变更劳动合同的；2）用人单位免除自己的法定责任、排除劳动者权利的；3）违反法律、行政法规强制性规定的。

27. 关于劳动合同变更，下列表述中正确的有（   ）。
   A. 用人单位与劳动者协商一致，可变更劳动合同的内容
   B. 变更劳动合同只能在合同订立之后、尚未履行之前进行
   C. 变更后的劳动合同文本由用人单位和劳动者各执一份
   D. 变更劳动合同，应采用书面形式
   E. 建筑公司可以单方变更劳动合同，变更后劳动合同有效

【答案】ACD

【解析】用人单位变更名称、法定代表人、主要负责人或者投资人等事项，不影响劳动合同的履行。用人单位发生合并或者分立等情况，原劳动合同继续有效，劳动合同由承继其权利和义务的用人单位继续履行。用人单位与劳动者协商一致，可以变更劳动合同约定的内容。变更劳动合同，应当采用书面形式。变更后的劳动合同文本由用人单位和劳动者各执一份。

28. 劳动合同应该具备的条款有（   ）。
   A. 劳动报酬   B. 劳动合同期限   C. 社会保险
   D. 最低工资保障 E. 每天工作时间

【答案】ABC

【解析】《劳动合同法》第19条规定：劳动合同应当具备以下条款：1）用人单位的

名称、住所和法定代表人或者主要负责人；2）劳动者的姓名、住址和居民身份证或者其他有效身份证件号码；3）劳动合同的期限；4）工作内容和工作地点；5）工作时间和休息休假；6）劳动报酬；7）社会保险；8）劳动保护、劳动条件和职业危害防护；9）法律、法规规定应当纳入劳动合同的其他事项。

29. 某建筑公司发生以下事件：职工李某因工负伤而丧失劳动能力；职工王某因盗窃自行车一辆而被公安机关给予行政处罚；职工徐某因与他人同居而怀孕；职工陈某被派往境外逾期未归；职工张某因工程重大安全事故罪被判刑。对此，建筑公司可以随时解除劳动合同的有（　　）。

A. 李某　B. 王某　C. 徐某　D. 陈某　E. 张某

【答案】DE

【解析】《劳动合同法》第39条规定：劳动者有下列情形之一的，用人单位可以解除劳动合同：A. 在试用期间被证明不符合录用条件的；B. 严重违反用人单位的规章制度的；C. 严重失职，营私舞弊，给用人单位造成重大损害的；D. 劳动者同时与其他用人单位建立劳动关系，对完成本单位的工作任务造成严重影响，或者经用人单位提出，拒不改正的；E. 因本法第26条第一款第一项规定的情形致使劳动合同无效的；F. 被依法追究刑事责任的。

30. 有下列情形之一，用人单位可以裁减人员（　　）。

A. 依照企业破产法规定进行重整的
B. 生产经营发生严重困难的
C. 企业转产、重大技术革新或经营方式调整
D. 企业产品滞销
E. 企业岗位合并

【答案】ABC

【解析】《劳动合同法》第41条规定：有下列情形之一，需要裁减20人以上或者裁减不足20人但占企业职工总数10%以上的，用人单位提前30日向工会或者全体职工说明情况，听取工会或者职工的意见后，裁减人员方案经向劳动行政部门报告，可以裁减人员，用人单位应当向劳动者支付经济补偿：A. 依照企业破产法规定进行重整的；B. 生产经营发生严重困难的；C. 企业转产、重大技术革新或经营方式调整，经变更劳动合同后，仍需裁减人员的；D. 其他因劳动合同订立时所依据的客观经济情况发生重大变化，致使劳动合同无法履行的。

31. 下列情况中，劳动合同终止的有（　　）。

A. 劳动者开始依法享受基本养老待遇
B. 劳动者死亡
C. 用人单位名称发生变更
D. 用人单位投资人变更
E. 用人单位被依法宣告破产

【答案】ABE

【解析】《劳动合同法》规定：有下列情形之一的，劳动合同终止。用人单位与劳动者不得在劳动合同法规定的劳动合同终止情形之外约定其他的劳动合同终止条件：1）劳

动者达到法定退休年龄的,劳动合同终止;2)劳动合同期满的,除用人单位维持或者提高劳动合同约定条件续订劳动合同,劳动者不同意续订的情形外,依照本项规定终止固定期限劳动合同的,用人单位应当向劳动者支付经济补偿;3)劳动者开始依法享受基本养老保险待遇的;4)劳动者死亡,或者被人民法院宣告死亡或者宣告失踪的;5)用人单位被依法宣告破产的,依照本项规定终止劳动合同的,用人单位应当向劳动者支付经济补偿;6)用人单位被吊销营业执照、责令关闭、撤销或者用人单位决定提前解散的,依照本项规定终止劳动合同的,用人单位应当向劳动者支付经济补偿;7)法律、行政法规规定的其他情形。

第二章 建筑材料

一、判断题

1. 气硬性胶凝材料只能在空气中凝结、硬化、保持和发展强度，一般只适用于干燥环境，不宜用于潮湿环境与水中；那么水硬性胶凝材料则只能适用于潮湿环境与水中。

【答案】错误

【解析】气硬性胶凝材料只能在空气中凝结、硬化、保持和发展强度，一般只适用于干燥环境，不宜用于潮湿环境与水中。水硬性胶凝材料既能在空气中硬化，也能在水中凝结、硬化、保持和发展强度，既适用于干燥环境，又适用于潮湿环境与水中工程。

2. 通常将水泥、矿物掺合料、粗细骨料、水和外加剂按一定的比例配制而成的、干表观密度为 2000～3000kg/m³ 的混凝土称为普通混凝土。

【答案】错误

【解析】通常将水泥、矿物掺合料、粗细骨料、水和外加剂按一定的比例配制而成的、干表观密度为 2000～2800kg/m³ 的混凝土称为普通混凝土。

3. 混凝土立方体抗压强度标准值系指按照标准方法制成边长为 150mm 的标准立方体试件，在标准条件（温度 20℃±2℃，相对湿度为 95% 以上）下养护 28d，然后采用标准试验方法测得的极限抗压强度值。

【答案】正确

【解析】按照标准方法制成边长为 150mm 的标准立方体试件，在标准条件（温度 20℃±2℃，相对湿度为 95% 以上）下养护 28d，然后采用标准试验方法测得的极限抗压强度值，称为混凝土的立方体抗压强度。

4. 混凝土的轴心抗压强度是采用 150mm×150mm×500mm 棱柱体作为标准试件，在标准条件（温度 20℃±2℃，相对湿度为 95% 以上）下养护 28d，采用标准试验方法测得的抗压强度值。

【答案】错误

【解析】混凝土的轴心抗压强度是采用 150mm×150mm×300mm 棱柱体作为标准试件，在标准条件（温度 20℃±2℃，相对湿度为 95% 以上）下养护 28d，采用标准试验方法测得的抗压强度值。

5. 混合砂浆强度较高，耐久性较好，但流动性和保水性较差，可用于砌筑较干燥环境下的砌体。

【答案】错误

【解析】混合砂浆强度较高，且耐久性、流动性和保水性均较好，便于施工，易保证施工质量，是砌体结构房屋中常用的砂浆。

6. 烧结普通砖的标准尺寸是 240mm×115mm×53mm。

【答案】正确

【解析】烧结普通砖的标准尺寸是 240mm×115mm×53mm。

二、单选题

1. 建筑材料按化学成分分类方法中，下列哪项是不合适的（　　）。
   A. 无机材料　B. 高分子合成材料　C. 复合材料　D. 有机材料

【答案】B

【解析】建筑材料按化学成分分类分为无机材料、有机材料和复合材料。

2. 属于水硬性胶凝材料的是（　　）。
   A. 石灰　B. 石膏　C. 水泥　D. 水玻璃

【答案】C

【解析】按照硬化条件的不同，无机胶凝材料分为气硬性胶凝材料和水硬性胶凝材料。前者如石灰、石膏、水玻璃等，后者如水泥。

3. 下列关于普通混凝土的分类方法中错误的是（　　）。
   A. 按用途分为结构混凝土、抗渗混凝土、抗冻混凝土、大体积混凝土、水工混凝土、耐热混凝土、耐酸混凝土、装饰混凝土等
   B. 按强度等级分为普通强度混凝土、高强混凝土、超高强混凝土
   C. 按强度等级分为低强度混凝土、普通强度混凝土、高强混凝土、超高强混凝土
   D. 按施工工艺分为喷射混凝土、泵送混凝土、碾压混凝土、压力灌浆混凝土、离心混凝土、真空脱水混凝土

【答案】C

【解析】普通混凝土可以从不同的角度进行分类。按用途分为结构混凝土、抗渗混凝土、抗冻混凝土、大体积混凝土、水工混凝土、耐热混凝土、耐酸混凝土、装饰混凝土等。按强度等级分为普通强度混凝土、高强混凝土、超高强混凝土。按施工工艺分为喷射混凝土、泵送混凝土、碾压混凝土、压力灌浆混凝土、离心混凝土、真空脱水混凝土。

4. 下列关于普通混凝土的主要技术性质的表述中，无误的是（　　）。
   A. 混凝土拌合物的主要技术性质为和易性，硬化混凝土的主要技术性质包括强度、变形和耐久性等
   B. 和易性是满足施工工艺要求的综合性质，包括流动性和保水性
   C. 混凝土拌合物的和易性目前主要以测定流动性的大小来确定
   D. 根据坍落度值的大小将混凝土进行分级时，坍落度160mm的混凝土为流动性混凝土

【答案】A

【解析】混凝土拌合物的主要技术性质为和易性，硬化混凝土的主要技术性质包括强度、变形和耐久性等。和易性是满足施工工艺要求的综合性质，包括流动性、黏聚性和保水性。混凝土拌合物的和易性目前还很难用单一的指标来评定，通常是以测定流动性为主，兼顾黏聚性和保水性。坍落度数值越大，表明混凝土拌合物流动性大，根据坍落度值的大小，可将混凝土分为四级：大流动性混凝土（坍落度大于160mm）、流动性混凝土（坍落度大于100~150mm）、塑性混凝土（坍落度大于10~90mm）和干硬性混凝土（坍落度小于10mm）。

5. 和易性是满足施工工艺要求的综合性质，包括（　　）。

A. 流动性、黏聚性和保水性　　B. 流动性和保水性
C. 流动性和黏聚性　　D. 以上答案都不正确

【答案】A

【解析】和易性是满足施工工艺要求的综合性质，包括流动性、黏聚性和保水性。

6. 普通混凝土共划分为十九个强度等级。如 C30 表示混凝土立方体抗压强度标准值（　　）。

A. $30\text{MPa} \leqslant f_{cu,k} < 35\text{MPa}$　　B. $f_{cu,k} \geqslant 30\text{MPa}$
C. $f_{cu,k} > 30\text{MPa}$　　D. $f_{cu,k} = 30\text{MPa}$

【答案】A

【解析】普通混凝土共划分为19个强度等级。如 C30 表示混凝土立方体抗压强度标准值 $30\text{MPa} \leqslant f_{cu,k} < 35\text{MPa}$。

7. 下列关于混凝土的耐久性的相关表述中，无误的是（　　）。

A. 抗渗等级是以 28d 龄期的标准试件，用标准试验方法进行试验，以每组八个试件，六个试件未出现渗水时，所能承受的最大静水压来确定

B. 主要包括抗渗性、抗冻性、耐久性、抗碳化、抗碱-骨料反应等方面

C. 抗冻等级是 28d 龄期的混凝土标准试件，在浸水饱和状态下，进行冻融循环试验，以抗压强度损失不超过20%，同时质量损失不超过10%时，所能承受的最大冻融循环次数来确定

D. 当工程所处环境存在侵蚀介质时，对混凝土必须提出耐久性要求

【答案】B

【解析】混凝土的耐久性主要包括抗渗性、抗冻性、耐久性、抗碳化、抗碱-骨料反应等方面。抗渗等级是以 28d 龄期的标准试件，用标准试验方法进行试验，以每组六个试件，四个试件未出现渗水时，所能承受的最大静水压来确定。抗冻等级是 28d 龄期的混凝土标准试件，在浸水饱和状态下，进行冻融循环试验，以抗压强度损失不超过25%，同时质量损失不超过5%时，所能承受的最大冻融循环次数来确定。当工程所处环境存在侵蚀介质时，对混凝土必须提出耐蚀性要求。

8. 关于普通混凝土的组成材料，下列说法正确的是（　　）。

A. 水泥强度等级的选择与混凝土强度无关，高强度混凝土可选择低强度等级的水泥

B. 采用级配良好的砂，可减少混凝土的重量

C. 国家标准对粗骨料中针、片状颗粒的含量没有规定

D. 混凝土用水应优先采用符合国家标准的饮用水

【答案】D

【解析】水泥强度等级的选择应根据混凝土强度的要求来确定，低强度混凝土应选择低强度等级的水泥，高强度混凝土应选择高强度等级的水泥。粗骨料的最大粒径、颗粒级配、强度、坚固性、针片状颗粒含量、含泥量和泥块含量、有害物质含量应符合国家标准规定。混凝土用水应优先采用符合国家标准的饮用水。

9. 下列对于砂浆与水泥的说法中错误的是（　　）。

A. 根据胶凝材料的不同，建筑砂浆可分为石灰砂浆、水泥砂浆和混合砂浆

B. 水泥属于水硬性胶凝材料，因而只能在潮湿环境与水中凝结、硬化、保持和发展

强度

C. 水泥砂浆强度高、耐久性和耐火性好，常用于地下结构或经常受水侵蚀的砌体部位

D. 用于一般土木建筑工程的水泥为通用水泥，系通用硅酸盐水泥的简称

【答案】B

【解析】根据所用胶凝材料的不同，建筑砂浆可分为石灰砂浆、水泥砂浆和混合砂浆。水硬性胶凝材料既能在空气中硬化，也能在水中凝结、硬化、保持和发展强度，既适用于干燥环境，又适用于潮湿环境与水中工程。水泥砂浆强度高、耐久性和耐火性好，但其流动性和保水性差，施工相对难，常用于地下结构或经常受水侵蚀的砌体部位。用于一般土木建筑工程的水泥为通用水泥，系通用硅酸盐水泥的简称，是以硅酸盐水泥熟料和适量的石膏，以及规定的混合材料制成的水硬性胶凝材料。

10. 建筑砂浆的组成材料包括胶凝材料、细骨料、（　　）和水。
A. 粗骨料　B. 石灰　C. 掺加料　D. 石膏

【答案】C

【解析】建筑砂浆是由胶凝材料、细骨料、掺加料和水配制而成的建筑工程材料。

11. 下列关于砌筑砂浆主要技术性质的说法中，有误的是（　　）。
A. 砌筑砂浆的技术性质主要包括新拌砂浆的密度、和易性、硬化砂浆强度和对基面的粘结力、抗冻性、收缩值等指标
B. 流动性的大小用"沉入度"表示，通常用砂浆稠度测定仪测定
C. 砂浆流动性的选择与砌筑种类、施工方法及天气情况有关。流动性过大，砂浆太稀，不仅铺砌难，而且硬化后强度降低；流动性过小，砂浆太稠，难于铺平
D. 砂浆的强度是以 150mm×150mm×150mm 的立方体试块，在标准条件下养护 28d 后，用标准方法测得的抗压强度（MPa）算术平均值来评定的

【答案】D

【解析】砌筑砂浆的技术性质主要包括新拌砂浆的密度、和易性、硬化砂浆强度和对基面的粘结力、抗冻性、收缩值等指标。流动性的大小用"沉入度"表示，通常用砂浆稠度测定仪测定。砂浆流动性的选择与砌筑种类、施工方法及天气情况有关。流动性过大，砂浆太稀，不仅铺砌难，而且硬化后强度降低；流动性过小，砂浆太稠，难于铺平。砂浆的强度是以 70.7mm×70.7mm×70.7mm 的立方体试块，在标准条件下养护 28d 后，用标准方法测得的抗压强度（MPa）算术平均值来评定的。

12. 下列关于砌筑砂浆的组成材料及其技术要求的说法中，无误的是（　　）。
A. M15 及以下强度等级的砌筑砂浆宜选用 42.5 级通用硅酸盐水泥或砌筑水泥
B. 砌筑砂浆常用的细骨料为普通砂。砂的含泥量不应超过 5%
C. 生石灰熟化成石灰膏时，应用孔径不大于 3mm×3mm 的网过滤，熟化时间不得少于 7d；磨细生石灰粉的熟化时间不得少于 3d
D. 制作电石膏的电石渣应用孔径不大于 3mm×3mm 的网过滤，检验时应加热至 70℃并保持 60min，没有乙炔气味后，方可使用

【答案】B

【解析】M15 及以下强度等级的砌筑砂浆宜选用 32.5 级通用硅酸盐水泥或砌筑水泥。

砌筑砂浆常用的细骨料为普通砂。砂的含泥量不应超过5%。生石灰熟化成石灰膏时，应用孔径不大于3mm×3mm的网过滤，熟化时间不得少于7d；磨细生石灰粉的熟化时间不得少于2d。制作电石膏的电石渣应用孔径不大于3mm×3mm的网过滤，检验时应加热至70℃并保持20min，没有乙炔气味后，方可使用。

13. 下列关于烧结砖的分类、主要技术要求及应用的相关说法中，正确的是（　　）。

A. 强度、抗风化性能和放射性物质合格的烧结普通砖，根据尺寸偏差、外观质量、泛霜和石灰爆裂等指标，分为优等品、一等品、合格品三个等级

B. 强度和抗风化性能合格的烧结空心砖，根据尺寸偏差、外观质量、孔型及孔洞排列、泛霜、石灰爆裂分为优等品、一等品、合格品三个等级

C. 烧结多孔砖主要用作非承重墙，如多层建筑内隔墙或框架结构的填充墙

D. 烧结空心砖在对安全性要求低的建筑中，可以用于承重墙体

【答案】A

【解析】强度、抗风化性能和放射性物质合格的烧结普通砖，根据尺寸偏差、外观质量、泛霜和石灰爆裂等指标，分为优等品、一等品、合格品三个等级。强度和抗风化性能合格的烧结多孔砖，根据尺寸偏差、外观质量、孔型及孔洞排列、泛霜、石灰爆裂分为优等品、一等品、合格品三个等级。烧结多孔砖可以用于承重墙体。烧结空心砖主要用作非承重墙，如多层建筑内隔墙或框架结构的填充墙。

14. 烧结多孔砖是以煤矸石、页岩、粉煤灰或黏土为主要原料，经成型、焙烧而成的，空洞率（　　）的砖。

A. ≥35%　　B. ≥15%　　C. ≤35%　　D. ≤15%

【答案】C

【解析】烧结多孔砖是以煤矸石、页岩、粉煤灰或黏土为主要原料，经成型、焙烧而成的，空洞率不大于35%的砖。

15. 蒸压加气混凝土砌块适用于（　　）。

A. 低层建筑的承重墙，多层建筑和高层建筑的隔离墙、填充墙及工业建筑物的维护墙体和绝热墙体

B. 非承重墙

C. 承重墙

D. 内外墙体

【答案】A

【解析】蒸压加气混凝土砌块适用于低层建筑的承重墙，多层建筑和高层建筑的隔离墙、填充墙及工业建筑物的围护墙体和绝热墙体。

16. 下列关于砌块的分类、主要技术要求及应用的相关说法中，不正确的是（　　）。

A. 目前国内推广应用较为普遍的砌块有蒸压加气混凝土砌块、普通混凝土小型空心砌块、石膏砌块等

B. 按尺寸偏差与外观质量、干密度、抗压强度和抗冻性，蒸压加气混凝土砌块的质量等级分为优等品、一等品、合格品三个等级

C. 混凝土小型空心砌块适用于多层建筑和高层建筑的隔离墙、填充墙及工业建筑物的围护墙体和绝热墙体

D. 混凝土小型空心砌块主规格尺寸为 390mm×190mm×190mm、390mm×240mm×190mm，最小外壁厚不应小于 30mm，最小肋厚不应小于 25mm

【答案】B

【解析】目前国内推广应用较为普遍的砌块有蒸压加气混凝土砌块、普通混凝土小型空心砌块、石膏砌块等。按尺寸偏差与外观质量、干密度、抗压强度和抗冻性，蒸压加气混凝土砌块的质量等级分为优等品、合格品。蒸压加气混凝土砌块适用于低层建筑的承重墙，多层建筑和高层建筑的隔离墙、填充墙及工业建筑物的围护墙体和绝热墙体。混凝土小型空心砌块主规格尺寸为 390mm×190mm×190mm、390mm×240mm×190mm，最小外壁厚不应小于 30mm，最小肋厚不应小于 25mm。混凝土小型空心砌块建筑体系比较灵活，砌筑方便，主要用于建筑的内外墙体。

17. 下列关于钢材的分类的相关说法中，不正确的是（　　）。
  A. 按化学成分合金钢分为低合金钢、中合金钢和高合金钢
  B. 按质量分为普通钢、优质钢和高级优质钢
  C. 含碳量为 0.2%~0.5% 的碳素钢为中碳钢
  D. 按脱氧程度分为沸腾钢、镇静钢和特殊镇静钢

【答案】C

【解析】按化学成分合金钢分为低合金钢、中合金钢和高合金钢。按脱氧程度分为沸腾钢、镇静钢和特殊镇静钢。按质量分为普通钢、优质钢和高级优质钢。碳素钢中中碳钢的含碳量为 0.25%~0.6%。

18. 中碳钢的含碳量（　　）。
  A. <0.25%　B. 0.25%~0.60%　C. >0.60%　D. >0.25%

【答案】B

【解析】碳素钢中中碳钢的含碳量为 0.25%~0.6%。

19. 下列关于钢结构用钢材的相关说法中，正确的是（　　）。
  A. 工字钢主要用于承受轴向力的杆件、承受横向弯曲的梁以及联系杆件
  B. Q235A 代表屈服强度为 235N/mm^2，A 级，沸腾钢
  C. 低合金高强度结构钢均为镇静钢或特殊镇静钢
  D. 槽钢广泛应用于各种建筑结构和桥梁，主要用于承受横向弯曲的杆件，但不宜单独用作轴心受压构件或双向弯曲的构件

【答案】C

【解析】Q235A 代表屈服强度为 235N/mm^2，A 级，镇静钢。低合金高强度结构钢均为镇静钢或特殊镇静钢。工字钢广泛应用于各种建筑结构和桥梁，主要用于承受横向弯曲（腹板平面内受弯）的杆件，但不宜单独用作轴心受压构件或双向弯曲的构件。槽钢主要用于承受轴向力的杆件、承受横向弯曲的梁以及联系杆件。

20. 下列关于型钢的相关说法中，有误的是（　　）。
  A. 与工字钢相比，H 型钢优化了截面的分布，具有翼缘宽，侧向刚度大，抗弯能力强，翼缘两表面相互平行、连接构造方便，重量轻、节省钢材等优点
  B. 钢结构所用钢材主要是型钢和钢板
  C. 不等边角钢的规格以"长边宽度×短边宽度×厚度"（mm）或"长边宽度/短边

宽度"（cm）表示

D. 在房屋建筑中，冷弯型钢可用做钢架、桁架、梁、柱等主要承重构件，但不可用作屋面檩条、墙架梁柱、龙骨、门窗、屋面板、墙面板、楼板等次要构件和围护结构

【答案】D

【解析】钢结构所用钢材主要是型钢和钢板。不等边角钢的规格以"长边宽度×短边宽度×厚度"（mm）或"长边宽度/短边宽度"（cm）表示。与工字钢相比，H型钢优化了截面的分布，具有翼缘宽，侧向刚度大，抗弯能力强，翼缘两表面相互平行、连接构造方便，重量轻、节省钢材等优点。在房屋建筑中，冷弯型钢可用做钢架、桁架、梁、柱等主要承重构件，也被用作屋面檩条、墙架梁柱、龙骨、门窗、屋面板、墙面板、楼板等次要构件和围护结构。

21. 下列各项中，不属于钢筋混凝土结构用钢材的主要品种的是（　　）。
    A. 热轧钢筋　B. 热处理钢筋　C. 预应力混凝土用钢丝和钢绞线　D. 冷处理钢筋

【答案】D

【解析】钢筋混凝土结构用钢材主要是由碳素结构钢和低合金结构钢轧制而成的各种钢筋，其主要品种由热轧钢筋、冷加工钢筋、热处理钢筋、预应力混凝土用钢丝和钢绞线。

22. 下列各项中，关于冷加工钢筋和热处理钢筋的说法有误的是（　　）。
    A. 冷轧带肋钢筋的牌号由CRB和钢筋的抗拉强度最大值构成
    B. 冷拔低碳钢丝不得做预应力钢筋使用，做箍筋使用时直径不宜小于5mm
    C. 冷拔低碳钢丝是用普通碳素钢热轧盘条钢筋在常温下冷拔加工而成，只有CDW550一个强度级别
    D. 热处理钢筋强度高，锚固性好，不易打滑，预应力值稳定；施工简便，开盘后钢筋自然伸直，不需调直及焊接

【答案】A

【解析】冷轧带肋钢筋的牌号由CRB和钢筋的抗拉强度最小值构成。冷拔低碳钢丝是用普通碳素钢热轧盘条钢筋在常温下冷拔加工而成，只有CDW550一个强度级别，其直径为3、4、5、6、7mm和8mm。冷拔低碳钢丝不得做预应力钢筋使用，做箍筋使用时直径不宜小于5mm。热处理钢筋强度高，锚固性好，不易打滑，预应力值稳定；施工简便，开盘后钢筋自然伸直，不需调直及焊接。

23. （易）钢筋牌号HRB400表示（　　）为400MPa的热轧带肋钢筋。
    A. 屈服强度　B. 抗拉强度　C. 强度设计值　D. 比例极限

【答案】A

【解析】热轧带肋钢筋按屈服强度值分为335、400、500三个等级。牌号构成为HRB+屈服强度特征值。

三、多选题

1. 下列建筑材料按使用功能分类，属于结构材料的是（　　）。
   A. 木材　B. 砌块　C. 防水材料　D. 水泥　E. 绝热材料

【答案】ABD

【解析】建筑材料按使用功能分类分为结构材料和功能材料。结构材料指的是组成受力构件结构所用的材料，如木材、石材、水泥、混凝土及钢材、砖、砌块等；功能材料指的是担负某些建筑功能的非承重材料，如防水材料、绝热材料、吸声和隔声材料、装饰材料等。

2. 下列关于通用水泥的特性及应用的基本规定中，表述正确的是（　　）。
   A. 复合硅酸盐水泥适用于早期强度要求高的工程及冬期施工的工程
   B. 矿渣硅酸盐水泥适用于大体积混凝土工程
   C. 粉煤灰硅酸盐水泥适用于有抗渗要求的工程
   D. 火山灰质硅酸盐水泥适用于抗裂性要求较高的构件
   E. 硅酸盐水泥适用于严寒地区遭受反复冻融循环作用的混凝土工程

【答案】BE

【解析】硅酸盐水泥适用于早期强度要求高的工程及冬期施工的工程；严寒地区遭受反复冻融循环作用的混凝土工程。矿渣硅酸盐水泥适用于大体积混凝土工程。火山灰质硅酸盐水泥适用于有抗渗要求的工程。粉煤灰硅酸盐水泥适用于抗裂性要求较高的构件。

3. 下列关于普通混凝土的组成材料及其主要技术要求的相关说法中，正确的是（　　）。
   A. 一般情况下，中、低强度的混凝土，水泥强度等级为混凝土强度等级的1.0～1.5倍
   B. 天然砂的坚固性用硫酸钠溶液法检验，砂样经5次循环后其质量损失应符合国家标准的规定
   C. 和易性一定时，采用粗砂配制混凝土，可减少拌合用水量，节约水泥用量
   D. 按水源不同分为饮用水、地表水、地下水、海水及工业废水
   E. 混凝土用水应优先采用符合国家标准的饮用水

【答案】BCE

【解析】一般情况下，中、低强度的混凝土，水泥强度等级为混凝土强度等级的1.5～2.0倍。天然砂的坚固性用硫酸钠溶液法检验，砂样经5次循环后其质量损失应符合国家标准的规定。和易性一定时，采用粗砂配制混凝土，可减少拌合用水量，节约水泥用量。但砂过粗易使混凝土拌合物产生分层、离析和泌水等现象。按水源不同分为饮用水、地表水、地下水、海水及经处理过的工业废水。混凝土用水应优先采用符合国家标准的饮用水。

4. 下列关于砌筑用石材的分类及应用的相关说法中，正确的是（　　）。
   A. 装饰用石材主要为板材
   B. 细料石通过细加工、外形规则，叠砌面凹入深度不应大于10mm，截面的宽度、高度不应小于200mm，且不应小于长度的1/4
   C. 毛料石外形大致方正，一般不加工或稍加修整，高度不应小于200mm，叠砌面凹入深度不应大于20mm
   D. 毛石指形状不规则，中部厚度不小于300mm的石材
   E. 装饰用石材主要用于公共建筑或装饰等级要求较高的室内外装饰工程

【答案】ABE

【解析】装饰用石材主要为板材。细料石通过细加工、外形规则，叠砌面凹入深度不应大于10mm，截面的宽度、高度不应小于200mm，且不应小于长度的1/4。毛料石外形大致方正，一般不加工或稍加修整，高度不应小于200mm，叠砌面凹入深度不应大于25mm。毛石指形状不规则，中部厚度不小于300mm的石材。装饰用石材主要用于公共建筑或装饰等级要求较高的室内外装饰工程。

5. 下列关于非烧结砖的分类、主要技术要求及应用的相关说法中，错误的是（　　）。
   A. 蒸压灰砂砖根据产品尺寸偏差和外观分为优等品、一等品、合格品三个等级
   B. 蒸压灰砂砖可用于工业与民用建筑的基础和墙体，但在易受冻融和干湿交替的部位必须使用优等品或一等品砖
   C. 炉渣砖的外形尺寸同普通黏土砖为 240mm×115mm×53mm
   D. 混凝土普通砖的规格与黏土空心砖相同，用于工业与民用建筑基础和承重墙体
   E. 混凝土普通砖可用于一般工业与民用建筑的墙体和基础。但用于基础或易受冻融和干湿交替作用的建筑部位必须使用 MU15 及以上强度等级的砖

【答案】BE

【解析】蒸压灰砂砖根据产品尺寸偏差和外观分为优等品、一等品、合格品三个等级。蒸压灰砂砖主要用于工业与民用建筑的墙体和基础。蒸压粉煤灰砖可用于工业与民用建筑的基础和墙体，但在易受冻融和干湿交替的部位必须使用优等品或一等品砖。炉渣砖的外形尺寸同普通黏土砖为 240mm×115mm×53mm。炉渣砖可用于一般工业与民用建筑的墙体和基础。但用于基础或易受冻融和干湿交替作用的建筑部位必须使用 MU15 及以上强度等级的砖。混凝土普通砖的规格与黏土空心砖相同，用于工业与民用建筑基础和承重墙体。

6. 下列关于钢筋混凝土结构用钢材的相关说法中，不正确的是（　　）。
   A. 根据表面特征不同，热轧钢筋分为光圆钢筋和带肋钢筋两大类
   B. 热轧光圆钢筋的塑性及焊接性能很好，但强度较低，故 HPB300 广泛用于钢筋混凝土结构的构造筋
   C. 钢丝按外形分为光圆钢丝、螺旋肋钢丝、刻痕钢丝三种
   D. 预应力钢绞线主要用于桥梁、吊车梁、大跨度屋架和管桩等预应力钢筋混凝土构件中
   E. 预应力钢丝主要用于大跨度、大负荷的桥梁、电杆、轨枕、屋架、大跨度吊车梁等结构

【答案】DE

【解析】根据表面特征不同，热轧钢筋分为光圆钢筋和带肋钢筋两大类。热轧光圆钢筋的塑性及焊接性能很好，但强度较低，故广泛用于钢筋混凝土结构的构造筋。钢丝按外形分为光圆钢丝、螺旋肋钢丝、刻痕钢丝三种。预应力钢丝主要用于桥梁、吊车梁、大跨度屋架和管桩等预应力钢筋混凝土构件中。预应力钢丝和钢绞线具有强度高、柔度好、质量稳定，与混凝土粘结力强，易于锚固，成盘供应不需接头等诸多优点。主要用于大跨度、大负荷的桥梁、电杆、轨枕、屋架、大跨度吊车梁等结构的预应力筋。

第三章 建筑工程识图

一、判断题

1. 房屋建筑施工图是工程设计阶段的最终成果，同时又是工程施工、监理和计算工程造价的主要依据。

【答案】正确

【解析】房屋建筑施工图是工程设计阶段的最终成果，同时又是工程施工、监理和计算工程造价的主要依据。

2. 建筑施工图一般包括建筑设计说明、建筑总平面图、平面图、立面图、剖面图及建筑详图等。

【答案】正确

【解析】建筑施工图一般包括建筑设计说明、建筑总平面图、平面图、立面图、剖面图及建筑详图等。

3. 会签栏是指工程图样上由各工种负责人填写所代表的有关专业、姓名、日期等内容的表格。会签栏中应有签名列。

【答案】错误

【解析】会签栏是指工程图样上由各工种负责人填写所代表的有关专业、姓名、日期等内容的表格。会签栏中应包括实名列和签名列。

4. 图样上的尺寸，应包括尺寸界线、尺寸线、尺寸起止符号和尺寸数字四个要素。

【答案】正确

【解析】图样上的尺寸，应包括尺寸界线、尺寸线、尺寸起止符号和尺寸数字四个要素。

5. 建筑总平面图是将拟建工程四周一定范围内的新建、拟建、原有和将拆除的建筑物、构筑物连同其周围的地形地物状况，用正投影方法画出的图样。

【答案】错误

【解析】建筑总平面图是将拟建工程四周一定范围内的新建、拟建、原有和将拆除的建筑物、构筑物连同其周围的地形地物状况，用水平投影方法画出的图样。

6. 建筑平面图中凡是被剖切到的墙、柱断面轮廓线用粗实线画出，其余可见的轮廓线用中实线或细实线，尺寸标注和标高符号均用细实线，定位轴线用细单点长画线绘制。

【答案】正确

【解析】建筑平面图中凡是被剖切到的墙、柱断面轮廓线用粗实线画出，其余可见的轮廓线用中实线或细实线，尺寸标注和标高符号均用细实线，定位轴线用细单点长画线绘制。

7. 建筑平面图主要用来表达房屋的外部造型、门窗位置及形式、外墙面装修、阳台、雨篷等部分的材料和做法等。

【答案】错误

【解析】建筑立面图主要用来表达建筑物外貌形状、门窗和其他构配件的形状和位置，主要包括室外的地面线、房屋的勒脚、台阶、门窗、阳台、雨篷；室外的楼梯、墙和柱；外墙的预留孔洞、檐口、屋顶、雨水管、墙面修饰构件等。

8. 需要绘制详图或局部平面放大图的位置一般包括内外墙节点、楼梯、电梯、厨房、卫生间、门窗、室内外装饰等。

【答案】正确

【解析】需要绘制详图或局部平面放大图的位置一般包括内外墙节点、楼梯、电梯、厨房、卫生间、门窗、室内外装饰等。

9. 施工图识读方法包括总揽全局、循序渐进、相互对照、重点细读四个部分。

【答案】正确

【解析】施工图识读方法包括总揽全局、循序渐进、相互对照、重点细读四个部分。

10. 识读施工图的一般顺序为：阅读图纸目录→阅读设计总说明→通读图纸→精度图纸。

【答案】正确

【解析】识读施工图的一般顺序为：阅读图纸目录→阅读设计总说明→通读图纸→精度图纸。

二、单选题

1. 按照内容和作用不同，下列不属于房屋建筑施工图的是（ ）。
A. 建筑施工图 B. 结构施工图 C. 设备施工图 D. 系统施工图

【答案】D

【解析】按照内容和作用不同，房屋建筑施工图分为建筑施工图、结构施工图和设备施工图。通常，一套完整的施工图还包括图纸目录、设计总说明（即首页）。

2. 下列关于房屋建筑施工图的作用的说法中，不正确的是（ ）。
A. 建筑施工图主要作为定位放线、砌筑墙体、安装门窗、进行装修的依据
B. 结构施工图是施工放线、开挖基坑（槽），施工承重构件（如梁、板、柱、墙、基础、楼梯等）的主要依据
C. 结构施工图一般包括结构设计说明、结构平面布置图、结构立面布置图和结构详图
D. 建筑平面图、建筑立面图和建筑剖面图是建筑施工图中最重要、最基本的图样

【答案】C

【解析】建筑施工图一般包括建筑设计说明、建筑总平面图、平面图、立面图、剖面图及建筑详图等。其中，平面图、立面图和剖面图是建筑施工图中最重要、最基本的图样，称为基本建筑图。建造房屋时，建筑施工图主要作为定位放线、砌筑墙体、安装门窗、进行装修的依据。结构施工图一般包括结构设计说明、结构平面布置图和结构详图三部分。施工放线、开挖基坑（槽），施工承重构件（如梁、板、柱、墙、基础、楼梯等）主要依据结构施工图。

3. 下列关于房屋建筑施工图的图示特点和制图有关规定的说法中，错误的是（ ）。
A. 由于房屋形体较大，施工图一般都用较小比例绘制，但对于其中需要表达清楚的

节点、剖面等部位，可以选择用原尺寸的详图来绘制

B. 施工图中的各图样用正投影法绘制

C. 房屋建筑的构、配件和材料种类繁多，为作图简便，国家标准采用一系列图例来代表建筑构配件、卫生设备、建筑材料等

D. 普通砖使用的图例可以用来表示实心砖、多孔砖、砌块等砌体

【答案】A

【解析】施工图中的各图样用正投影法绘制。由于房屋形体较大，施工图一般都用较小比例绘制，但对于其中需要表达清楚的节点、剖面等部位，则用较大比例的详图表现。房屋建筑的构、配件和材料种类繁多，为作图简便，国家标准采用一系列图例来代表建筑构配件、卫生设备、建筑材料等。普通砖使用的图例可以用来表示实心砖、多孔砖、砌块等砌体。

4. 下列关于房屋建筑施工图的编排顺序的基本规定的说法中，错误的是（   ）。

A. 全局性的在前，局部性的在后

B. 先施工的在前，后施工的在后

C. 对于结构施工图，一般是图纸目录、结构设计说明、总平面图、结构平面图、结构立面图、各编号剖面图、构件详图

D. 对于设备施工图，一般是图纸目录、设计说明、平面图、剖面图、系统图、详图

【答案】C

【解析】各专业的图纸，一般是全局性的在前，局部性的在后；先施工的在前，后施工的在后；重要的图纸在前，次要的图纸在后。对于结构施工图，一般是图纸目录、结构设计说明、结构平面图、构件详图；对于设备施工图，一般是图纸目录、设计说明、平面图、剖面图、系统图、详图。

5. 下列关于图纸幅面的基本规定的说法中，错误的是（   ）。

A. 图纸的短边不应加长，A1~A3 幅面长边尺寸可加长

B. 图纸中应有图框线、标题栏、装订边线和对中标志

C. 图标长边的长度至少为 200mm，短边的长度宜采用 30、40mm 或是 50mm

D. 一般 A0~A3 幅面的图纸宜采用横式幅面，也可采用立式幅面；A4 幅面的图纸宜采用立式幅面

【答案】A

【解析】图纸的短边不应加长，A0~A3 幅面长边尺寸可加长。图纸分横式和立式两种幅面。图纸中应有图框线、标题栏、装订边线和对中标志。一般 A0~A3 幅面的图纸宜采用横式幅面，也可采用立式幅面；A4 幅面的图纸宜采用立式幅面。图标长边的长度至少为 200mm，短边的长度宜采用 30、40mm 或是 50mm。

6. 标准规格，A1 幅面的图纸尺寸是（   ）。

A. 841mm×1189mm　　B. 594mm×841mm　　C. 420mm×594mm　　D. 297mm×420mm

【答案】B

【解析】标准规格，A1 幅面的图纸尺寸是 594mm×841mm。

7. 下列关于建筑总平面图图示内容的说法中，正确的是（   ）。

A. 新建建筑物的定位一般采用两种方法，一是按原有建筑物或原有道路定位；二是

按坐标定位

B. 在总平面图中，标高以米为单位，并保留至小数点后三位

C. 新建房屋所在地区风向情况的示意图即为风玫瑰图，风玫瑰图不可用于表明房屋和地物的朝向情况

D. 临时建筑物在设计和施工中可以超过建筑红线

【答案】A

【解析】新建建筑物的定位一般采用两种方法，一是按原有建筑物或原有道路定位；二是按坐标定位。采用坐标定位又分为采用测量坐标定位和建筑坐标定位两种。在总平面图中，标高以米为单位，并保留至小数点后两位。风向频率玫瑰图简称风玫瑰图，是新建房屋所在地区风向情况的示意图。风玫瑰图也能表明房屋和地物的朝向情况。各地方国土管理部门提供给建设单位的地形图为蓝图，在蓝图上用红色笔画定的土地使用范围的线称为建筑红线。任何建筑物在设计和施工中均不能超过此线。

8. 下列关于建筑立面图基本规定的说法中，正确的是（　　）。

A. 建筑立面图中通常用粗实线表示立面图的最外轮廓线和地平线

B. 立面图中用标高表示出各主要部位的相对高度，如室内外地面标高、各层楼面标高及檐口高度

C. 立面图中的尺寸是表示建筑物高度方向的尺寸，一般用两道尺寸线表示，即建筑物总高和层高

D. 外墙面的装饰材料和做法一般应附相关的做法说明表

【答案】B

【解析】为使建筑立面图轮廓清晰、层次分明，通常用粗实线表示立面图的最外轮廓线。地平线用标准粗度的 1.2~1.4 倍的加粗线画出。立面图中用标高表示出各主要部位的相对高度，如室内外地面标高、各层楼面标高及檐口高度。立面图中的尺寸是表示建筑物高度方向的尺寸，一般用三道尺寸线表示。最外面已到位建筑物的总高，中间一道尺寸线为层高，最里面一道为门窗洞口的高度及与楼地面的相对位置。标出各个部分的构造、装饰节点详图的索引符号，外墙面的装饰材料和做法。外墙面装修材料及颜色一般用索引符号表示具体做法。

9. 下列关于建筑剖面图和建筑详图基本规定的说法中，错误的是（　　）。

A. 剖面图一般表示房屋在高度方向的结构形式

B. 建筑剖面图中高度方向的尺寸包括总尺寸、内部尺寸和细部尺寸

C. 建筑剖面图中不能详细表示清楚的部位应引出索引符号，另用详图表示

D. 需要绘制详图或局部平面放大的位置一般包括内外墙节点、楼梯、电梯、厨房、卫生间、门窗、室内外装饰等

【答案】B

【解析】剖面图一般表示房屋在高度方向的结构形式。建筑剖面图中高度方向的尺寸包括外部尺寸和内部尺寸。外部尺寸包括门窗洞口的高度、层间高度和总高度三道尺寸。内部尺寸包括地坑深度、隔断、搁板、平台、室内门窗等的高度。建筑剖面图中不能详细表示清楚的部位应引出索引符号，另用详图表示。需要绘制详图或局部平面放大的位置一般包括内外墙节点、楼梯、电梯、厨房、卫生间、门窗、室内外装饰等。

10. 下列关于基础图的图示方法及内容基本规定的说法中，有误的是（   ）。

   A. 基础平面图是假想用一个水平剖切平面在室内地面出剖切建筑，并移去基础周围的土层，向下投影所得到的图样

   B. 在基础平面图中，只画出基础墙、柱及基础底面的轮廓线，基础的细部轮廓可省略不画

   C. 基础详图中标注基础各部分的详细尺寸即可

   D. 基础详图是的轮廓线用中实线表示，断面内应画出材料图例

【答案】C

【解析】基础平面图是假想用一个水平剖切平面在室内地面出剖切建筑，并移去基础周围的土层，向下投影所得到的图样。在基础平面图中，只画出基础墙、柱及基础底面的轮廓线，基础的细部轮廓（如大放脚或底板）可省略不画。基础详图是的轮廓线用中实线表示，断面内应画出材料图例；对钢筋混凝土基础，则只画出配筋情况，不画出材料图例。基础详图中需标注基础各部分的详细尺寸及室内、室外、基础底面标高等。

11. 下图为某钢筋混凝土梁配筋图（部分），其中①号钢筋为（   ）。

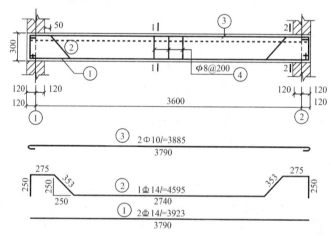

   A. 2 根直径 14mmHRB335 钢筋　　B. 2 根直径 14mmHRB400 钢筋
   C. 2 根直径 14mmHRB500 钢筋　　D. 2 根直径 14mmHPB300 钢筋

【答案】B

【解析】钢筋的标注有两种方式：①标注钢筋的直径和根数——钢筋根数＋钢筋符号＋钢筋直径；②标注钢筋的直径和相邻钢筋中心距——钢筋符号＋钢筋直径＋相等中心距符号（@）＋相邻钢筋中心距。根据钢筋符号表可知，⏉代表 HRB400 钢筋。

12. 下图为某钢筋混凝土梁配筋图（部分），其中②号钢筋为（   ）。

   A. 1 根直径 14mmHRB335 钢筋　　B. 1 根直径 14mmHRB400 钢筋
   C. 1 根直径 14mmHRB500 钢筋　　D. 1 根直径 14mmHPB300 钢筋

【答案】B

【解析】钢筋的标注有两种方式：①标注钢筋的直径和根数——钢筋根数＋钢筋符号＋钢筋直径；②标注钢筋的直径和相邻钢筋中心距——钢筋符号＋钢筋直径＋相等中心距符号（@）＋相邻钢筋中心距。根据钢筋符号表可知，⏉代表 HRB400 钢筋。

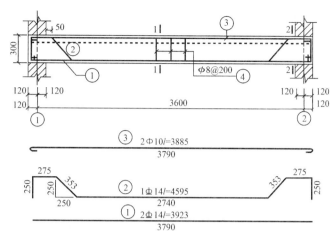

13. 下图为某钢筋混凝土梁配筋图（部分），其中④号钢筋为（　　）。

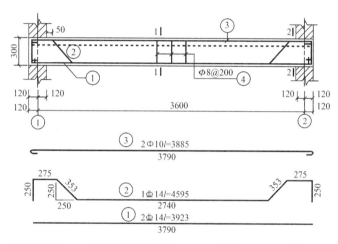

A. 直径 8mm 间距 200mm 的 HRB335 钢筋　　B. 直径 8mm 间距 200mm 的 HRB400 钢筋
C. 直径 8mm 间距 200mm 的 HRB500 钢筋　　D. 直径 8mm 间距 200mm 的 HPB300 钢筋

【答案】D

【解析】钢筋的标注有两种方式：①标注钢筋的直径和根数——钢筋根数+钢筋符号+钢筋直径；②标注钢筋的直径和相邻钢筋中心距——钢筋符号+钢筋直径+相等中心距符号（@）+相邻钢筋中心距。根据钢筋符号表可知，φ 代表 HPB300 钢筋。

14. 下列关于楼梯结构施工图基本规定的说法中，有误的是（　　）。
A. 楼梯结构平面图应直接绘制出休息平台板的配筋
B. 楼梯结构施工图包括楼梯结构平面图、楼梯结构剖面图和构件详图
C. 钢筋混凝土楼梯的可见轮廓线用细实线表示，不可见轮廓线用细虚线表示
D. 当楼梯结构剖面图比例较大时，也可直接在楼梯结构剖面图上表示梯段板的配筋

【答案】A

【解析】楼梯结构施工图包括楼梯结构平面图、楼梯结构剖面图和构件详图。楼梯结构平面图比例较大时，还可直接绘制出休息平台板的配筋。钢筋混凝土楼梯的可见轮廓线用细实线表示，不可见轮廓线用细虚线表示。当楼梯结构剖面图比例较大时，也可直接在

楼梯结构剖面图上表示梯段板的配筋。

三、多选题

1. 下图所示材料图例，正确的是（　　）。

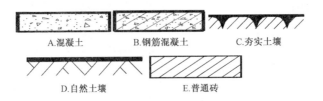

【答案】ABE

【解析】A 表示混凝土、B 表示钢筋混凝土、C 表示自然土壤、D 表示夯实土壤、E 表示普通砖。

2. 下列尺寸标注形式的基本规定中，正确的是（　　）。

A. 半圆或小于半圆的圆弧应标注半径，圆及大于半圆的圆弧应标注直径

B. 在圆内标注的直径尺寸线可不通过圆心，只需两端画箭头指至圆弧，较小圆的直径尺寸，可标注在圆外

C. 标注坡度时，在坡度数字下应加注坡度符号，坡度符号为单面箭头，一般指向下坡方向

D. 我国把青岛市外的黄海海平面作为零点所测定的高度尺寸成为绝对标高

E. 在施工图中一般注写到小数点后两位即可

【答案】ACD

【解析】半圆或小于半圆的圆弧应标注半径，圆及大于半圆的圆弧应标注直径。在圆内标注的直径尺寸线应通过圆心，只需两端画箭头指至圆弧，较小圆的直径尺寸，可标注在圆外。标注坡度时，在坡度数字下应加注坡度符号，坡度符号为单面箭头，一般指向下坡方向。我国把青岛市外的黄海海平面作为零点所测定的高度尺寸成为绝对标高。在施工图中一般注写到小数点后三位即可，在总平面图中则注写到小数点后二位。

3. 以下关于标高的表述正确的是（　　）。

A. 标高是表示建筑的地面或某一部位的高度

B. 标高分为相对标高和绝对标高两种

C. 我国把青岛市外的黄海海平面作为相对标高的零点

D. 在房屋建筑中，建筑物的高度用标高表示

E. 标高就是建筑物的高度

【答案】ABD

【解析】标高是表示建筑的地面或某一部位的高度。在房屋建筑中，建筑物的高度用标高表示。标高分为相对标高和绝对标高两种。我国把青岛市外的黄海海平面作为零点所测定的高度尺寸称为绝对标高。

4. 下列有关建筑平面图的图示内容的表述中，不正确的是（　　）。

A. 定位轴线的编号宜标注在图样的下方与右侧，横向编号应用阿拉伯数字，从左至右顺序编写，竖向编号应用大写拉丁字母，从上至下顺序编写

B. 对于隐蔽的或者在剖切面以上部位的内容，应以虚线表示
C. 建筑平面图上的外部尺寸在水平方向和竖直方向各标注三道尺寸
D. 在平面图上所标注的标高均应为绝对标高
E. 屋面平面图一般内容有：女儿墙、檐沟、屋面坡度、分水线与落水口、变形缝、楼梯间、水箱间、天窗、上人孔、消防梯以及其他构筑物、索引符号等

【答案】AD

【解析】定位轴线的编号宜标注在图样的下方与左侧，横向编号应用阿拉伯数字，从左至右顺序编写，竖向编号应用大写拉丁字母，从下至上顺序编写。建筑平面图中的尺寸有外部尺寸和内部尺寸两种。外部尺寸包括总尺寸、轴线尺寸和细部尺寸三类。在平面图上所标注的标高均应为相对标高。底层室内地面的标高一般用±0.000表示。对于隐蔽的或者在剖切面以上部位的内容，应以虚线表示。屋面平面图一般内容有：女儿墙、檐沟、屋面坡度、分水线与落水口、变形缝、楼梯间、水箱间、天窗、上人孔、消防梯以及其他构筑物、索引符号等。

5. 下图所示门窗图例中，正确的是（　　）。

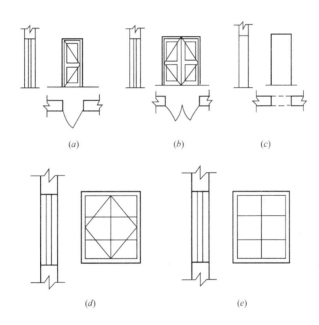

A. 单扇双面弹簧门　B. 双扇门　　C. 空门洞
D. 单扇外开平开窗　E. 单扇固定窗

【答案】BCDE

【解析】A表示单扇门、B表示双扇门、C表示空门洞、D表示单扇外开平开窗、E表示单扇固定窗。

6. 下列关于设备施工图的说法中，正确的是（　　）。

A. 建筑给水排水施工图中，凡平面图、系统图中局部构造因受图面比例影响而表达不完善或无法表达的，必须绘制施工详图
B. 建筑电气系统图是电气照明施工图中的基本图样

C. 建筑电气施工图的详图包括电气工程基本图和标准图

D. 电气系统图一般用单线绘制，且画为粗实线，并按规定格式标出各段导线的数量和规格

E. 在电气施工图中，通常采用与建筑施工图相统一的相对标高，或者用相对于本层楼地面的相对标高

【答案】ADE

【解析】建筑给水排水施工图中，凡平面图、系统图中局部构造因受图面比例影响而表达不完善或无法表达的，必须绘制施工详图。电气系统图一般用单线绘制，且画为粗实线，并按规定格式标出各段导线的数量和规格。建筑电气平面图是电气照明施工图中的基本图样。在电气施工图中，线路和电气设备的安装高度必要时应标注标高。通常采用与建筑施工图相统一的相对标高，或者用相对于本层楼地面的相对标高。建筑电气施工图的详图包括电气工程详图和标准图。

7. 建筑给水排水施工图中，下列关于管径标注方法的表述正确的是（   ）。

A. 水煤气输送钢管（镀锌或非镀锌）、铸铁管等管材，管径宜以公称直径 DN 表示，如 $DN25$ 表示公称直径为 25mm

B. 无缝钢管、焊接钢管（直缝或螺旋缝）、铜管、不锈钢管等管材，管径以外径 $D \times$ 壁厚表示，如 $D159 \times 4$ 表示管道外径 159mm，壁厚 4mm

C. 塑料管材，管径宜以公称直径 DN 表示，如 $DN25$ 表示公称直径为 25mm

D. 无缝钢管、焊接钢管（直缝或螺旋缝）、铜管、不锈钢管等管材，管径宜以公称直径 DN 表示，如 $DN25$ 表示公称直径为 25mm

E. 水煤气输送钢管（镀锌或非镀锌）、铸铁管等管材，管径以外径 $D \times$ 壁厚表示，如 $D159 \times 4$ 表示管道外径 159mm，壁厚 4mm

【答案】AB

【解析】水煤气输送钢管（镀锌或非镀锌）、铸铁管等管材，管径宜以公称直径 DN 表示，如 $DN25$ 表示公称直径为 25mm；无缝钢管、焊接钢管（直缝或螺旋缝）、铜管、不锈钢管等管材，管径以外径 $D \times$ 壁厚表示，如 $D159 \times 4$ 表示管道外径 159mm，壁厚 4mm；塑料管材，管径宜按产品标准的方法表示。

8. 下图为某办公楼底层照明平面图（局部），表示（   ）。

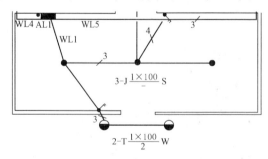

A. 该房间有 3 组灯具 B. 每组灯具一只 100W 灯泡

C. 吸顶安装 D. 顶棚内安装

E. 吊链吊装

【答案】ABC

9. 下图为某办公楼底层照明平面图（局部），表示（　　）。

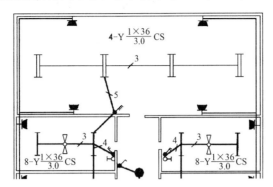

A. 该房间有 4 组荧光灯　　B. 每组荧光灯由一根 36W 灯管组成
C. 吸顶安装　　　　　　　D. 安装高度 3.0m
E. 吊链吊装

【答案】ABD

10. 下图为某办公楼底层照明平面图（局部），表示（　　）。

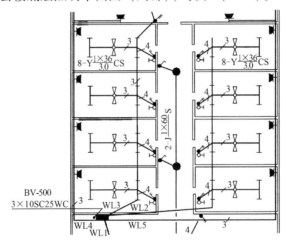

A. 每个房间有 8 组荧光灯　　B. 每组荧光灯由一根 36W 灯管组成
C. 吸顶安装　　　　　　　　D. 安装高度 3.0m
E. 每个房间有 1 组荧光灯

【答案】BDE

第四章 建筑施工技术

一、判断题

1. 普通土的现场鉴别方法为：用镐挖掘。

【答案】 错误

【解析】 普通土的现场鉴别方法为：用锄头挖掘。

2. 坚石和特坚石的现场鉴别方法都可以是用爆破方法。

【答案】 正确

【解析】 坚石和特坚石的现场鉴别方法都可以为用爆破方法。

3. 岩土的工程分类的第五类是次坚石。

【答案】 错误

【解析】 在建筑施工中，按照施工开挖的难易程度，将土分为松软土、普通土、坚土、砂砾坚土、软石、次坚石、坚石和特坚石八类，其中，一至四类为土，五到八类为岩石。岩土的工程分类的第五类是软石。

4. 基坑（槽）开挖施工工艺流程：测量放线→切线分层开挖→排水、降水→修坡→留足预留土层→整平。

【答案】 错误

【解析】 基坑（槽）开挖施工工艺流程：测量放线→切线分层开挖→排水、降水→修坡→整平→留足预留土层。

5. 基坑开挖时，应对平面控制桩、水准点、基坑平面位置、水平标高、边坡坡度等经常复测检查。

【答案】 正确

【解析】 基坑开挖时，应对平面控制桩、水准点、基坑平面位置、水平标高、边坡坡度等经常复测检查。

6. 根据砌筑主体的不同，砌体工程可分为砖砌体工程、砌块砌体工程、配筋砌体工程。

【答案】 错误

【解析】 根据砌筑主体的不同，砌体工程可分为砖砌体工程、石砌体工程、砌块砌体工程、配筋砌体工程。

7. 常用的石砌体有料石砌体、毛石砌体、毛石混凝土砌体。

【答案】 正确

【解析】 常用的石砌体有料石砌体、毛石砌体、毛石混凝土砌体。

8. 皮数杆一般立于房屋的四大角、内外墙交接处、楼梯间以及洞口多的洞口。一般可每隔 5~10m 立一根。

【答案】 错误

【解析】 皮数杆一般立于房屋的四大角、内外墙交接处、楼梯间以及洞口多的洞口。

一般可每隔10~15m立一根。

9. 砌筑盘角时主要大角不宜超过5皮砖,且应随砌随盘。

【答案】正确

【解析】砌筑时应先盘角,盘角是确定墙身两面横平竖直的主要依据,盘角时主要大角不宜超过5皮砖,且应随砌随盘。

10. 钢筋作不大于90°的弯折时,弯折处的弯弧内直径不应小于钢筋直径的5倍。

【答案】正确

【解析】钢筋作不大于90°的弯折时,弯折处的弯弧内直径不应小于钢筋直径的5倍。

11. 当受拉钢筋的直径$d>22mm$及受压钢筋的直径$d>25mm$时,不宜采用绑扎搭接接头。

【答案】错误

【解析】钢筋的连接可分为绑扎连接、焊接和机械连接三种。当受拉钢筋的直径$d>25mm$及受压钢筋的直径$d>28mm$时,不宜采用绑扎搭接接头。

12. 柱钢筋绑扎的施工工艺流程为:调整插筋位置,套入箍筋→立柱子四个角的主筋→立柱内其余主筋→绑扎钢筋接头→将主骨架钢筋绑扎成形。

【答案】错误

【解析】柱钢筋绑扎的施工工艺流程为:调整插筋位置,套入箍筋→立柱子四个角的主筋→绑扎插筋接头→立柱内其余主筋→将主骨架钢筋绑扎成形。

13. 板、次梁与主梁交叉处,当有圈梁或垫梁时,主梁的钢筋在下。

【答案】错误

【解析】板钢筋绑扎中板、次梁与主梁交叉处,板的钢筋在上,次梁的钢筋居中。主梁的钢筋在下;当有圈梁或垫梁时,主梁的钢筋在上。

14. 混凝土拌合料运到浇筑地点时应具有设计配合比所规定的坍落度。

【答案】正确

【解析】混凝土拌合料自商品混凝土厂装车后,应及时运至浇筑地点。混凝土拌合料运输过程中一般要求:保持其均匀性,不离析、不漏浆;运到浇筑地点时应具有设计配合比所规定的坍落度;应在混凝土初凝前浇入模板并捣实完毕;保证混凝土能浇筑连续进行。

15. 铆钉连接按照铆接应用情况,可以分为活动铆接、固定铆接、密缝铆接。

【答案】正确

【解析】铆钉连接按照铆接应用情况,可以分为活动铆接、固定铆接、密缝铆接。

16. 钢构件拼装前应检查清除飞边、毛刺、焊接飞溅物等,摩擦面应保持干燥、整洁,不得在雨中作业。

【答案】正确

【解析】钢构件拼装前应检查清除飞边、毛刺、焊接飞溅物等,摩擦面应保持干燥、整洁,不得在雨中作业。

17. 防水砂浆防水层通常称为刚性防水层,是依靠增加防水层厚度和提高砂浆层的密实性来达到防水要求。

【答案】正确

【解析】防水砂浆防水层通常称为刚性防水层，是依靠增加防水层厚度和提高砂浆层的密实性来达到防水要求。

18. 防水层每层应连续施工，素灰层与砂浆层允许不在同一天施工完毕。

【答案】错误

【解析】防水层每层应连续施工，素灰层与砂浆层应在同一天施工完毕。

19. 防水混凝土是采用了较大的水灰比。

【答案】错误

【解析】防水混凝土是通过采用较小的水灰比，适当增加水泥用量和砂率，提高灰砂比，采用较小的骨粒粒径，严格控制施工质量等措施，从材料和施工两方面抑制和减少混凝土内部孔隙的形成，特别是抑制孔隙间的连通，堵塞渗透水通道，靠混凝土本身的密实性的抗渗性来达到防水要求的混凝土。

20. 卷材防水应采用沥青防水卷材或高聚物改性沥青防水卷材。

【答案】正确

【解析】卷材防水应采用沥青防水卷材或高聚物改性沥青防水卷材，所选用的基层处理剂、胶粘剂应与卷材配套。

二、单选题

1. 下列土的工程分类，除（　　）之外，均为岩石。
A. 软石　B. 砂砾坚土　C. 坚石　D. 软石

【答案】B

【解析】在建筑施工中，按照施工开挖的难易程度，将土分为松软土、普通土、坚土、砂砾坚土、软石、次坚石、坚石和特坚石八类，其中，一~四类为土，五~八类为岩石。

2. 下列关于基坑（槽）开挖施工工艺的说法中，正确的是（　　）。
A. 采用机械开挖基坑时，为避免破坏基底土，应在标高以上预留15~50cm的土层由人工挖掘修整
B. 在基坑（槽）四侧或两侧挖好临时排水沟和集水井，或采用井点降水，将水位降低至坑、槽底以下500mm，以利于土方开挖
C. 雨期施工时，基坑（槽）需全段开挖，尽快完成
D. 当基坑挖好后不能立即进行下道工序时，应预留30cm的土不挖，待下道工序开始再挖至设计标高

【答案】B

【解析】在基坑（槽）四侧或两侧挖好临时排水沟和集水井，或采用井点降水，将水位降低至坑、槽底以下500mm，以利于土方开挖。雨期施工时，基坑（槽）应分段开挖。当基坑挖好后不能立即进行下道工序时，应预留15~30cm的土不挖，待下道工序开始再挖至设计标高。采用机械开挖基坑时，为避免破坏基底土，应在标高以上预留15~30cm的土层由人工挖掘修整。

3. 应在基坑（槽）四侧或两侧挖好临时排水沟和集水井，或采用井点降水，将水位降低至坑、槽底以下（　　）以利土方开挖。

A. 600mm　B. 500mm　C. 400mm　D. 300mm

【答案】B

【解析】在基坑（槽）四侧或两侧挖好临时排水沟和集水井，或采用井点降水，将水位降低至坑、槽底以下500mm，以利于土方开挖。

4. 下列关于基坑支护的表述中，有误的是（　　）。
A. 钢板桩支护具有施工速度快，可重复使用的特点
B. 工程开挖土方时，地下连续墙可用作支护结构，既挡土又挡水，地下连续墙还可同时用作建筑物的承重结构
C. 深层搅拌水泥土桩墙，采用水泥作为固化剂
D. 常用的钢板桩施工机械有自由落锤、气动锤、柴油锤、振动锤，使用较多的是柴油锤

【答案】D

【解析】钢板桩支护具有施工速度快，可重复使用的特点。常用的钢板桩施工机械有自由落锤、气动锤、柴油锤、振动锤，使用较多的是振动锤。深层搅拌水泥土桩墙，采用水泥作为固化剂。工程开挖土方时，地下连续墙可用作支护结构，既挡土又挡水，地下连续墙还可同时用作建筑物的承重结构。

5. 不属于常用的钢板桩的是（　　）。
A. U形　B. Z形　C. 直腹板式　D. 非组合式钢板桩

【答案】D

【解析】常用的钢板桩有U形和Z形，还有直腹板式、H形和组合式钢板桩。

6. 当打夯机械夯实填土时，每层铺土厚度最多不得超过（　　）。
A. 100mm　B. 250mm　C. 350mm　D. 500mm

【答案】B

【解析】人工填土每层虚铺厚度，用人工木夯夯实时不大于20cm，用打夯机械夯实时不大于25cm。

7. 下列关于钢筋混凝土扩展基础施工要点的基本规定，错误的是（　　）。
A. 混凝土宜分段分层灌注，每层厚度不超过500mm
B. 混凝土自高处倾落时，如高度超过3m，应设料斗、漏斗、串筒、斜槽、溜管，以防止混凝土产生分层离析
C. 各层各段间应相互衔接，每段长2~3m，使逐段逐层呈阶梯形推进
D. 混凝土应连续浇灌，以保证结构良好的整体性

【答案】B

【解析】混凝土宜分段分层灌注，每层厚度不超过500mm。各层各段间应相互衔接，每段长2~3m，使逐段逐层呈阶梯形推进，并注意先使混凝土充满模板边角，然后浇筑中间部分。混凝土应连续浇灌，以保证结构良好的整体性。混凝土自高处倾落时，其自由倾落高度不宜超过2m。如高度超过3m，应设料斗、漏斗、串筒、斜槽、溜管，以防止混凝土产生分层离析。

8. 下列按砌筑主体不同分类的砌体工程中，不符合的是（　　）。
A. 砖砌体工程　B. 砌块砌体工程　C. 石砌体工程　D. 混凝土砌体工程

【答案】 D

【解析】 根据砌筑主体的不同，砌体工程可分为砖砌体工程、石砌体工程、砌块砌体工程、配筋砌体工程。

9. 砖砌体的施工工艺过程正确的是（　　）。

A. 找平、放线、摆砖样、盘角、立皮数杆、砌筑、勾缝、清理、楼层标高控制、楼层轴线标引等

B. 找平、放线、摆砖样、立皮数杆、盘角、砌筑、清理、勾缝、楼层轴线标引、楼层标高控制等

C. 找平、放线、摆砖样、立皮数杆、盘角、砌筑、勾缝、清理、楼层轴线标引、楼层标高控制等

D. 找平、放线、立皮数杆、摆砖样、盘角、挂线、砌筑、勾缝、清理、楼层标高控制、楼层轴线标引等

【答案】 B

【解析】 砖砌体施工工艺流程为：找平、放线、摆砖样、立皮数杆、盘角、砌筑、清理、勾缝、楼层轴线标引、楼层标高控制。

10. 下列关于砌块砌体施工工艺的基本规定中，正确的是（　　）。

A. 灰缝厚度宜为 15mm

B. 灰缝要求横平竖直，水平灰缝应饱满，竖缝采用挤浆和加浆方法，严禁用水冲洗清理灌缝

C. 在墙体底部，在砌第一皮加气砖前，应用实心砖砌筑，其高度宜不小于 200mm

D. 与梁的接触处待加气砖砌完 14d 后采用灰砂砖斜砌顶紧

【答案】 B

【解析】 在墙体底部，在砌第一皮加气砖前，应用实心砖砌筑，其高度宜不小于 200mm。灰缝厚度宜为 15mm，灰缝要求横平竖直，水平灰缝应饱满，竖缝采用挤浆和加浆方法，不得出现透明缝，严禁用水冲洗灌缝。与梁的接触处待加气砖砌完一星期后采用灰砂砖斜砌顶紧。

11. 与梁的接触处待加气砖砌完（　　）星期后采用灰砂砖斜砌顶紧。

A. 1　　B. 2　　C. 3　　D. 4

【答案】 A

【解析】 与梁的接触处待加气砖砌完一星期后采用灰砂砖斜砌顶紧。

12. 下列关于毛石砌体施工工艺的基本规定中，有误的是（　　）。

A. 毛石料和粗石料砌体的灰缝厚度不宜大于 10mm，细石料砌体的灰缝厚度不宜小于 10mm

B. 施工工艺流程为：施工准备→试排摆底→砌筑毛石（同时搅拌砂浆）→勾缝→检验评定

C. 每日砌筑高度不宜超过 1.2m，在转角处及交接处应同时砌筑，如不能同时砌筑时，应留斜槎

D. 毛石挡土墙一般按 3~4 皮为一个分层高度砌筑，每砌一个分层高度应找平一次

【答案】 A

【解析】毛石料和粗石料砌体的灰缝厚度不宜大于20mm，细石料砌体的灰缝厚度不宜小于5mm。施工工艺流程为：施工准备→试排摆底→砌筑毛石（同时搅拌砂浆）→勾缝→检验评定。每日砌筑高度不宜超过1.2m，在转角处及交接处应同时砌筑，如不能同时砌筑时，应留斜槎。毛石挡土墙一般按3~4皮为一个分层高度砌筑，每砌一个分层高度应找平一次。

13. 下列模板不属于组合式模板的是（　　）。
A. 平面模板　B. 阴角模板　C. 阳角模板　D. 滑动模板

【答案】D

【解析】钢模板主要包括平面模板、阴角模板、阳角模板、连接角模等。

14. 下列各项中，关于常见模板的种类、特性的基本规定不正确的说法是（　　）。
A. 常见模板的种类有组合式模板、工具式模板两大类
B. 爬升模板适用于现浇钢筋混凝土竖向（或倾斜）结构
C. 飞模适用于小开间、小柱网、小进深的钢筋混凝土楼盖施工
D. 组合式模板可事先按设计要求组拼成梁、柱、墙、楼板的大型模板，整体吊装就位，也可采用散支散拆方法

【答案】C

【解析】常见模板的种类有组合式模板、工具式模板。组合式模板可事先按设计要求组拼成梁、柱、墙、楼板的大型模板，整体吊装就位，也可采用散支散拆方法。爬升模板，是一种适用于现浇钢筋混凝土竖向（或倾斜）结构的模板工艺。飞模适用于大开间、大柱网、大进深的钢筋混凝土楼盖施工，尤其适用于现浇板柱结构（无柱帽）楼盖的施工。

15. 下列各项中，关于钢筋连接的基本规定不正确的说法是（　　）。
A. 钢筋的连接可分为绑扎连接、焊接和机械连接三种
B. 在任何情况下，纵向受拉钢筋绑扎搭接接头的搭设长度不应小于300mm，纵向受压钢筋的搭接长度不应小于200mm
C. 钢筋机械连接有钢筋套筒挤压连接、钢筋锥螺纹套筒连接、钢筋镦粗直螺纹套筒连接、钢筋滚压直螺纹套筒连接
D. 当受拉钢筋的直径$d>22$mm及受压钢筋的直径$d>25$mm时，不宜采用绑扎搭接接头

【答案】D

【解析】钢筋的连接可分为绑扎连接、焊接和机械连接三种。当受拉钢筋的直径$d>25$mm及受压钢筋的直径$d>28$mm时，不宜采用绑扎搭接接头。在任何情况下，纵向受拉钢筋绑扎搭接接头的搭设长度不应小于300mm，纵向受压钢筋的搭接长度不应小于200mm。钢筋机械连接有钢筋套筒挤压连接、钢筋锥螺纹套筒连接、钢筋镦粗直螺纹套筒连接、钢筋滚压直螺纹套筒连接。

16. 下列各项中，关于钢筋安装的基本规定正确的说法是（　　）。
A. 钢筋绑扎用的22号钢丝只用于绑扎直径14mm以下的钢筋
B. 基础底板采用双层钢筋网时，在上层钢筋网下面每隔1.5m放置一个钢筋撑脚
C. 基础钢筋绑扎的施工工艺流程为：清理垫层、画线→摆放下层钢筋，并固定绑

扎→摆放钢筋撑脚（双层钢筋时）→绑扎柱墙预留钢筋→绑扎上层钢筋
  D. 控制混凝土保护层用的水泥砂浆垫块或塑料卡的厚度，应等于保护层厚度

【答案】D

【解析】钢筋绑扎用的钢丝，可采用20~22号钢丝，其中22号钢丝只用于绑扎直径12mm以下的钢筋。控制混凝土保护层用的水泥砂浆垫块或塑料卡的厚度，水泥砂浆垫块的厚度，应等于保护层厚度。基础钢筋绑扎的施工工艺流程为：清理垫层、画线→摆放下层钢筋，并固定绑扎→摆放钢筋撑脚（双层钢筋时）→绑扎上层钢筋→绑扎柱墙预留钢筋。基础底板采用双层钢筋网时，在上层钢筋网下面应设置钢筋撑脚或混凝土撑脚。钢筋撑脚每隔1m放置一个。

17. 下列各项中，不属于混凝土工程施工内容的是（ ）。
  A. 混凝土拌合料的制备 B. 混凝土拌合料的养护
  C. 混凝土拌合料的强度测定 D. 混凝土拌合料的振捣

【答案】C

【解析】混凝土工程施工包括混凝土拌合料的制备、运输、浇筑、振捣、养护等工艺流程。

18. 下列各项中，关于混凝土拌合料运输过程中一般要求不正确的说法是（ ）。
  A. 保持其均匀性，不离析、不漏浆
  B. 保证混凝土浇筑能连续进行
  C. 运到浇筑地点时应具有设计配合比所规定的坍落度
  D. 应在混凝土终凝前浇入模板并捣实完毕

【答案】D

【解析】混凝土拌合料自商品混凝土厂装车后，应及时运至浇筑地点。混凝土拌合料运输过程中一般要求：保持其均匀性，不离析、不漏浆；运到浇筑地点时应具有设计配合比所规定的坍落度；应在混凝土初凝前浇入模板并捣实完毕；保证混凝土能浇筑连续进行。

19. 浇筑竖向结构混凝土前，应先在底部浇筑一层水泥砂浆，对砂浆的要求是（ ）。
  A. 与混凝土内砂浆成分相同且强度高一级
  B. 与混凝土内砂浆成分不同且强度高一级
  C. 与混凝土内砂浆成分不同
  D. 与混凝土内砂浆成分相同

【答案】D

【解析】混凝土浇筑的基本要求：①混凝土应分层浇筑，分层捣实，但两层混凝土浇捣时间间隔不超过规范规定；②浇筑应连续作业，在竖向结构中如浇筑高度超过3m时，应采用溜槽或串筒下料；③在浇筑竖向结构混凝土前，应先在浇筑处底部填入一层50~100mm与混凝土内砂浆成分相同的水泥浆或水泥砂浆（接浆处理）；④浇筑过程应经常观察模板及其支架、钢筋、埋设件和预留孔洞的情况，当发现有变形或位移时，应立即快速处理。

20. 施工缝一般应留在构件（ ）部位。
  A. 受压最小 B. 受剪最小 C. 受弯最小 D. 受扭最小

【答案】B

【解析】留置施工缝的位置应事先确定,施工缝应留在结构受剪力较小且便于施工的部位。

21. 关于施工缝的说法不正确的是（　　）。

A. 在施工缝处继续浇筑混凝土时,应待浇筑的混凝土抗压强度不小于1.2MPa方可进行,以抵抗继续浇筑混凝土的扰动

B. 施工缝处混凝土应细致捣实,使新旧混凝土紧密结合

C. 施工缝应留在结构受剪力较大且便于施工的部位

D. 柱子应留水平缝,梁、板和墙应留垂直缝

【答案】C

【解析】留置施工缝的位置应事先确定,施工缝应留在结构受剪力较小且便于施工的部位。柱子应留水平缝,梁、板和墙应留垂直缝。施工缝的处理：在施工缝处继续浇筑混凝土时,应待浇筑的混凝土抗压强度不小于1.2MPa方可进行,以抵抗继续浇筑混凝土的扰动,而且应对施工缝进行处理。一般是将混凝土表面凿毛、清洗、清除水泥浆膜和松动石子或软弱混凝土层,再满铺一层厚10~15mm的水泥浆或与混凝土同水灰比的水泥砂浆,方可继续浇筑混凝土。施工缝处混凝土应细致捣实,使新旧混凝土紧密结合。

22. 钢结构的连接方法不包括（　　）。

A. 绑扎连接　B. 焊接　C. 螺栓连接　D. 铆钉连接

【答案】A

【解析】钢结构的连接方法有焊接、螺栓连接、自攻螺钉连接、铆钉连接四类。

23. 高强度螺栓的拧紧问题说法错误的是（　　）。

A. 高强度螺栓连接的拧紧应分为初拧、终拧

B. 对于大型节点应分为初拧、复拧、终拧

C. 复拧扭矩应当大于初拧扭矩

D. 扭剪型高强度螺栓拧紧时对螺母施加逆时针力矩

【答案】C

【解析】高强度螺栓按形状不同分为：大六角头型高强度螺栓和扭剪型高强度螺栓。大六角头型高强度螺栓一般采用指针式扭力（测力）扳手或预置式扭力（定力）扳手施加预应力,目前使用较多的是电动扭矩扳手,按拧紧力矩的50%进行初拧,然后按100%拧紧力矩进行终拧,大型节点初拧后,按初拧力矩进行复拧,最后终拧。扭剪型高强度螺栓的螺栓头为盘头,栓杆端部有一个承受拧紧反力矩的十二角体（梅花头）,和一个能在规定力矩下剪断的断劲槽。扭剪型高强度螺栓通过特制的电动扳手,拧紧时对螺母施加顺时针力矩,对梅花头施加逆时针力矩,终拧至栓杆端部断劲拧掉梅花头为止。

24. 下列焊接方法中,不属于钢结构工程常用的是（　　）。

A. 自动（半自动）埋弧焊　B. 闪光对焊　C. 药皮焊条手工电弧焊　D. 气体保护焊

【答案】B

【解析】钢结构工程常用的焊接方法有：药皮焊条手工电弧焊、自动（半自动）埋弧焊、气体保护焊。

25. 下列关于钢结构安装施工要点的说法中,正确的是（　　）。

A. 钢构件拼装前应检查清除飞边、毛刺、焊接飞溅物，摩擦面应保持干燥、整洁，采取相应防护措施后，可在雨中作业

B. 螺栓应能自由穿入孔内，不能自由穿入时，可采用气割扩孔

C. 起吊事先将钢构件吊离地面50cm左右，使钢构件中心对准安装位置中心

D. 高强度螺栓可兼作安装螺栓

【答案】C

【解析】起吊事先将钢构件吊离地面50cm左右，使钢构件中心对准安装位置中心，然后徐徐升钩，将钢构件吊至需连接位置即刹车对准预留螺栓孔，并将螺栓穿入孔内，初拧作临近固定，同时进行垂直度校正和最后固定，经校正后，并终拧螺栓作最后固定。钢构件拼装前应检查清除飞边、毛刺、焊接飞溅物，摩擦面应保持干燥、整洁，不得在雨中作业。螺栓应能自由穿入孔内，不得强行敲打，并不得气割扩孔。高强度螺栓不得兼作安装螺栓。

26. 下列关于防水工程的说法中，不正确的是（　　）。

A. 防水混凝土多采用较大的水灰比，降低水泥用量和砂率，选用较小的骨料直径

B. 根据所用材料不同，防水工程可分为柔性防水和刚性防水

C. 按工程部位和用途，防水工程又可分为屋面防水工程、地下防水工程、楼地面防水工程

D. 防水砂浆防水通过增加防水层厚度和提高砂浆层的密实性来达到防水要求

【答案】A

【解析】根据所用材料不同，防水工程可分为柔性防水和刚性防水两大类。防水砂浆防水通过增加防水层厚度和提高砂浆层的密实性来达到防水要求。防水混凝土是通过采用较小的水灰比，适当增加水泥用量和砂率，提高灰砂比，采用较小的骨料粒径，严格控制施工质量等措施，从材料和施工两方面抑制和减少混凝土内部孔隙的形成，特别是抑制孔隙间的连通，堵塞渗透水通道，靠混凝土本身的密实性和抗渗性来达到防水要求的混凝土。按工程部位和用途，防水工程又可分为屋面防水工程、地下防水工程、楼地面防水工程三大类。

27. 按工程部位和用途，不是防水工程三大类的是（　　）。

A. 屋面防水工程　　B. 室外墙角防水工程

C. 地下防水工程　　D. 楼地面防水工程

【答案】B

【解析】按工程部位和用途，防水工程又可分为屋面防水工程、地下防水工程、楼地面防水工程三大类。

28. 下列关于防水砂浆防水层施工的说法中，正确的是（　　）。

A. 砂浆防水工程是利用一定配合比的水泥浆和水泥砂浆（称防水砂浆）分层分次施工，相互交替抹压密实的封闭防水整体

B. 防水砂浆防水层的背水面基层的防水层采用五层做法，迎水面基层的防水层采用四层做法

C. 防水层每层应连续施工，素灰层与砂浆层可不在同一天施工完毕

D. 揉浆是使水泥砂浆素灰相互渗透结合牢固，既保护素灰层又起到防水作用，当揉

浆难时，允许加水稀释

【答案】A

【解析】砂浆防水工程是利用一定配合比的水泥浆和水泥砂浆（称防水砂浆）分层分次施工，相互交替抹压密实，充分切断各层次毛细孔网，形成一多层防渗的封闭防水整体。防水砂浆防水层的背水面基层的防水层采用四层做法（"二素二浆"），迎水面基层的防水层采用四层做法（"三素二浆"）。防水层每层应连续施工，素灰层与砂浆层应在同一天施工完毕。揉浆是使水泥砂浆素灰相互渗透结合牢固，既保护素灰层又起到防水作用，揉浆时严禁加水，以免引起防水层开裂、起粉、起砂。

29. 下列关于掺防水剂水泥砂浆防水施工的说法中，错误的是（　　）。

A. 施工工艺流程为：找平层施工→防水层施工→质量检查

B. 当施工采用抹压法时，先在基层涂刷一层1∶0.4的水泥浆，随后分层铺抹防水砂浆，每层厚度为10~15mm，总厚度不小于30mm

C. 氯化铁防水砂浆施工时，底层防水砂浆抹完12h后，抹压面层防水砂浆，其厚13mm分两遍抹压

D. 防水层施工时的环境温度为5~35℃

【答案】B

【解析】掺防水剂水泥砂浆防水施工的施工工艺流程为：找平层施工→防水层施工→质量检查。防水层施工时的环境温度为5~35℃。当施工采用抹压法时，先在基层涂刷一层1∶0.4的水泥浆，随后分层铺抹防水砂浆，每层厚度为5~10mm，总厚度不小于20mm。氯化铁防水砂浆施工时，底层防水砂浆抹完12h后，抹压面层防水砂浆，其厚13mm分两遍抹压。

30. 下列关于涂料防水中防水层施工的说法中，正确的是（　　）。

A. 湿铺法是在铺第三遍涂料涂刷时，边倒料、边涂刷、便铺贴的操作方法

B. 对于流动性差的涂料，为便于抹压，加快施工进度，可以采用分条间隔施工的方法，条带宽800~1000mm

C. 胎体增强材料混合使用时，一般下层采用玻璃纤维布，上层采用聚酯纤维布

D. 所有收头均应用密封材料压边，压扁宽度不得小于20mm

【答案】B

【解析】湿铺法是在铺第二遍涂料涂刷时，边倒料、边涂刷、便铺贴的操作方法。对于流动性差的涂料，为便于抹压，加快施工进度，可以采用分条间隔施工的方法，条带宽800~1000mm。胎体增强材料可以是单一品种的，也可以采用玻璃纤维布和聚酯纤维布混合使用。混合使用时，一般下层采用聚酯纤维布，上层采用玻璃纤维布。为了防止收头部位出现翘边现象，所有收头均应用密封材料压边，压扁宽度不得小于10mm。

31. 下列关于涂料防水施工工艺的说法中，错误的是（　　）。

A. 防水涂料防水层属于柔性防水层

B. 一般采用外防外涂和外防内涂施工方法

C. 其施工工艺流程为：找平层施工→保护层施工→防水层施工→质量检查

D. 找平层有水泥砂浆找平层、沥青砂浆找平层、细石混凝土找平层三种

【答案】C

【解析】防水涂料防水层属于柔性防水层。涂料防水层是用防水涂料涂刷于结构表面所形成的表面防水层。一般采用外防外涂和外防内涂施工方法。施工工艺流程为：找平层施工→防水层施工→保护层施工→质量检查。找平层有水泥砂浆找平层、沥青砂浆找平层、细石混凝土找平层三种。

32. 下列关于卷材防水施工的说法中，有误的是（　　）。

A. 铺设防水卷材前应涂刷基层处理剂，基层处理剂应采用与卷材性能配套（相容）的材料，或采用同类涂料的底子油

B. 铺贴高分子防水卷材时，切忌拉伸过紧，以免使卷材长期处在受拉应力状态，易加速卷材老化

C. 施工工艺流程为：找平层施工→防水层施工→保护层施工→质量检查

D. 卷材搭接接缝口应采用宽度不小于 20mm 的密封材料封严，以确保防水层的整体防水性能

【答案】D

【解析】铺设防水卷材前应涂刷基层处理剂，基层处理剂应采用与卷材性能配套（相容）的材料，或采用同类涂料的底子油。铺贴高分子防水卷材时，切忌拉伸过紧，以免使卷材长期处在受拉应力状态，易加速卷材老化。施工工艺流程为：找平层施工→防水层施工→保护层施工→质量检查。卷材搭接接缝口应采用宽度不小于 10mm 的密封材料封严，以确保防水层的整体防水性能。

三、多选题

1. 下列关于土方回填压实的基本规定的各项中，正确的是（　　）。

A. 碎石类土、砂土和爆破石渣（粒径不大于每层铺土后 2/3）可作各层填料

B. 人工填土每层虚铺厚度，用人工木夯夯实时不大于 25cm，用打夯机械夯实时不大于 30cm

C. 铺土应分层进行，每次铺土厚度不大于 30～50cm（视所用压实机械的要求而定）

D. 当填方基底为耕植土或松土时，应将基底充分夯实和碾压密实

E. 机械填土时填土程序一般尽量采取横向或纵向分层卸土，以利行驶时初步压实

【答案】CDE

【解析】碎石类土、砂土和爆破石渣（粒径不大于每层铺土后 2/3），可作为表层下的填料。当填方基底为耕植土或松土时，应将基底充分夯实和碾压密实。铺土应分层进行，每次铺土厚度不大于 30～50cm（视所用压实机械的要求而定）。人工填土每层虚铺厚度，用人工木夯夯实时不大于 20cm，用打夯机械夯实时不大于 25cm。机械填土时填土程序一般尽量采取横向或纵向分层卸土，以利行驶时初步压实。

2. 以下关于砖砌体的施工工艺的基本规定中，正确的是（　　）。

A. 皮数杆一般立于房屋的四大角、内外墙交接处、楼梯间以及洞口多的洞口。一般可每隔 5～10m 立一根

B. 一般在房屋外纵墙方向摆顺砖，在山墙方向摆丁砖，摆砖由一个大角摆到另一个大角，砖与砖留 10mm 缝隙

C. 盘角时主要大角不宜超过 5 皮砖，且应随起随盘，做到"三皮一吊，五皮一靠"

D. 各层标高除立皮数杆控制外，还可弹出室内水平线进行控制

E. 加浆勾缝系指再砌筑几皮砖以后，先在灰缝处划出2cm深的灰槽

【答案】BCD

【解析】一般在房屋外纵墙方向摆顺砖，在山墙方向摆丁砖，摆砖由一个大角摆到另一个大角，砖与砖留10mm缝隙。皮数杆一般立于房屋的四大角、内外墙交接处、楼梯间以及洞口多的洞口。一般可每隔10～15m立一根。盘角时主要大角不宜超过5皮砖，且应随起随盘，做到"三皮一吊，五皮一靠"。加浆勾缝系指再砌筑几皮砖以后，先在灰缝处划出1cm深的灰槽。各层标高除立皮数杆控制外，还可弹出室内水平线进行控制。

3. 下列关于毛石砌体和砌块砌体施工工艺的基本规定中有误的是（　　）。

A. 毛石墙砌筑时，墙角部分纵横宽度至少0.8m

B. 对于中间毛石砌筑的料石挡土墙，丁砌料石应深入中间毛石部分的长度不应小于200mm

C. 毛石墙必须设置拉结石，拉结石应均匀分布，相互错开，一般每0.5㎡墙面至少设置一块，且同皮内的中距不大于2m

D. 砌块砌体施工工艺流程为：基层处理→测量墙中线→弹墙边线→砌底部实心砖→立皮数杆→拉准线、铺灰、依准线砌筑→埋墙拉筋→梁下、墙顶斜砖砌筑

E. 砌块砌体的埋墙拉筋应与钢筋混凝土柱（墙）的连接，采取在混凝土柱（墙）上打入2ϕ6@1000的膨胀螺栓

【答案】CE

【解析】毛石墙砌筑时，墙角部分纵横宽度至少0.8m。毛石墙必须设置拉结石，拉结石应均匀分布，相互错开，一般每$0.7m^2$墙面至少设置一块，且同皮内的中距不大于2m。对于中间毛石砌筑的料石挡土墙，丁砌料石应深入中间毛石部分的长度不应小于200mm。砌块砌体施工工艺流程为：基层处理→测量墙中线→弹墙边线→砌底部实心砖→立皮数杆→拉准线、铺灰、依准线砌筑→埋墙拉筋→梁下、墙顶斜砖砌筑。砌块砌体的埋墙拉筋应与钢筋混凝土柱（墙）的连接，采取在混凝土柱（墙）上打入2ϕ6@500的膨胀螺栓。

4. 下列关于模板安装与拆除的基本规定中正确的是（　　）。

A. 同一条拼缝上的U行卡，不宜向同一方向卡紧

B. 钢楞宜采用整根杆件，接头宜错开设置，搭接长度不应小于300mm

C. 模板支设时，采用预组拼方法，可以加快施工速度，提高工效和模板的安装质量，但必须具备相适应的吊装设备和有较大的拼装场地

D. 模板拆除时，当混凝土强度大于$1.2N/mm^2$时，应先拆除侧面模板，再拆除承重模板

E. 模板拆除的顺序和方法，应按照配板设计的规定进行，遵循先支后拆，先非承重部位，后承重部位以及自上而下的原则

【答案】ACE

【解析】模板安装时，应符合下列要求：①同一条拼缝上的U行卡，不宜向同一方向卡紧。②墙模板的对拉螺栓孔应平直相对，穿插螺栓不得斜拉硬顶。钻孔应采用机具，严禁采用电、气焊灼孔。③钢楞宜采用整根杆件，接头宜错开设置，搭接长度不应小于200mm。模板支设时，采用预组拼方法，可以加快施工速度，提高工效和模板的安装质

量，但必须具备相应的吊装设备和有较大的拼装场地。模板拆除的顺序和方法，应按照配板设计的规定进行，遵循先支后拆，先非承重部位，后承重部位以及自上而下的原则。先拆除侧面模板（混凝土强度大于 $1N/mm^2$），再拆除承重模板。

5. 下列各项中，属于钢筋加工的是（　　）。
   A. 钢筋除锈　B. 钢筋调直　C. 钢筋切断
   D. 钢筋冷拉　E. 钢筋弯曲成型

【答案】ABCE

【解析】钢筋加工包括钢筋除锈、钢筋调直、钢筋切断、钢筋弯曲成型等。

6. 下列关于柱钢筋和板钢筋绑扎的施工工艺的规定中正确的是（　　）。
   A. 柱钢筋绑扎中箍筋的接头应交错布置在四角纵向钢筋上，箍筋转角与纵向钢筋交叉点均应扎牢
   B. 板钢筋绑扎中板、次梁与主梁交叉处，板的钢筋在上，次梁的钢筋居中。主梁的钢筋一直在下侧
   C. 板钢筋绑扎的施工工艺流程为：清理垫层、划线→摆放下层钢筋，并固定绑扎→摆放钢筋撑脚（双层钢筋时）→安装管线→绑扎上层钢筋
   D. 对于双向受力板，应先铺设平行于短边方向的受力钢筋，后铺设平行于长边方向的受力钢筋
   E. 板上部的负筋、主筋与分布钢筋的交叉点应相隔交错扎牢，并垫上保护层垫块

【答案】ACD

【解析】柱钢筋绑扎中箍筋的接头应交错布置在四角纵向钢筋上，箍筋转角与纵向钢筋交叉点均应扎牢。板钢筋绑扎的施工工艺流程为：清理垫层、划线→摆放下层钢筋，并固定绑扎→摆放钢筋撑脚（双层钢筋时）→安装管线→绑扎上层钢筋。对于双向受力板，应先铺设平行于短边方向的受力钢筋，后铺设平行于长边方向的受力钢筋。且须特别注意，板上部的负筋、主筋与分布钢筋的交叉点必须全部绑扎，并垫上保护层垫块。板钢筋绑扎中板、次梁与主梁交叉处，板的钢筋在上，次梁的钢筋居中。主梁的钢筋在下；当有圈梁或垫梁时，主梁的钢筋在上。

7. 关于混凝土浇筑的说法中正确的是（　　）。
   A. 混凝土的浇筑工作应连续进行
   B. 混凝土应分层浇筑，分层捣实，但两层混凝土浇捣时间间隔不超过规范规定
   C. 在竖向结构中如浇筑高度超过2m时，应采用溜槽或串筒下料
   D. 浇筑竖向结构混凝土前，应先在底部填筑一层20~50mm厚、与混凝土内砂浆成分相同的水泥砂浆，然后再浇筑混凝土
   E. 浇筑过程应经常观察模板及其支架、钢筋、埋设件和预留孔洞的情况，当发现有变形或位移时，应立即快速处理

【答案】ABE

【解析】混凝土浇筑的基本要求：①混凝土应分层浇筑，分层捣实，但两层混凝土浇捣时间间隔不超过规范规定；②浇筑应连续作业，在竖向结构中如浇筑高度超过3m时，应采用溜槽或串筒下料；③在浇筑竖向结构混凝土前，应先在浇筑处底部填入一层50~100mm 与混凝土内砂浆成分相同的水泥浆或水泥砂浆（接浆处理）；④浇筑过程应经常观

察模板及其支架、钢筋、埋设件和预留孔洞的情况,当发现有变形或位移时,应立即快速处理。

8. 下列关于钢结构安装施工要点的说法中,有误的是( )。
A. 起吊事先将钢构件吊离地面30cm左右,使钢构件中心对准安装位置中心
B. 高强度螺栓上、下接触面处加有1/15以上斜度时应采用垫圈垫平
C. 施焊前,焊工应检查焊接件的接头质量和焊接区域的坡口、间隙、钝边等的处理情况
D. 厚度大于12~20mm的板材,单面焊后,背面清根,再进行焊接
E. 焊道两端加引弧板和熄弧板,引弧和熄弧焊缝长度应大于或等于150mm

【答案】ABE

【解析】起吊事先将钢构件吊离地面50cm左右,使钢构件中心对准安装位置中心,然后徐徐升钩,将钢构件吊至需连接位置即刹车对准预留螺栓孔,并将螺栓穿入孔内,初拧作临近固定,同时进行垂直度校正和最后固定,经校正后,并终拧螺栓作最后固定。高强度螺栓上、下接触面处加有1/20以上斜度时应采用垫圈垫平。施焊前,焊工应检查焊接件的接头质量和焊接区域的坡口、间隙、钝边等的处理情况。厚度大于12~20mm的板材,单面焊后,背面清根,再进行焊接。焊道两端加引弧板和熄弧板,引弧和熄弧焊缝长度应大于或等于80mm。

9. 下列关于防水混凝土施工工艺的说法中,错误的是( )。
A. 水泥选用强度等级不低于32.5级
B. 在保证能振捣密实的前提下水灰比尽可能小,一般不大于0.6,坍落度不大于50mm
C. 为了有效起到保护钢筋和阻止钢筋的引水作用,迎水面防水混凝土的钢筋保护层厚度不得小于35mm
D. 在浇筑过程中,应严格分层连续浇筑,每层厚度不宜超过300~400mm,机械振捣密实
E. 墙体一般允许留水平施工缝和垂直施工缝

【答案】ACE

【解析】水泥选用强度等级不低于42.5级。在保证能振捣密实的前提下水灰比尽可能小,一般不大于0.6,坍落度不大于50mm,水泥用量为320 kg/m³~400 kg/m³,砂率取35%~40%。为了有效起到保护钢筋和阻止钢筋的引水作用,迎水面防水混凝土的钢筋保护层厚度不得小于50mm。在浇筑过程中,应严格分层连续浇筑,每层厚度不宜超过300~400mm,机械振捣密实。墙体一般只允许留水平施工缝,其位置一般宜留在高出底板上表面不小于500mm的墙身上,如必须留设垂直施工缝,则应留在结构的变形缝处。

10. 下列关于涂料防水中质量检查的说法中,正确的是( )。
A. 找平层表面平整度的允许偏差为5mm
B. 涂料防水层不得有渗漏或积水现象,其检验方法为:雨后或淋水、蓄水检验
C. 防水涂料和胎体增强材料必须符合设计要求,检验方法为检查出厂合格证和质量检验报告
D. 涂料防水层的平均厚度应符合设计要求,最小厚度不应小于设计厚度的80%

E. 找平层分格缝的位置和间距应符合设计要求，其检验方法为观察检查

【答案】ABD

【解析】找平层分格缝的位置和间距应符合设计要求，检验方法：观察和尺量检查。找平层表面平整度的允许偏差为5mm。防水涂料和胎体增强材料必须符合设计要求。检验方法：检查出厂合格证、质量检验报告和现场抽样复验报告。涂料防水层不得有渗漏或积水现象，其检验方法为：雨后或淋水、蓄水检验。涂料防水层的平均厚度应符合设计要求，最小厚度不应小于设计厚度的80%。

11. 防水工程按其按所用材料不同可分为（　　）。

A. 卷材防水　B. 涂料防水　C. 砂浆、混凝土防水　D. 结构自防水　E. 防水层防水

【答案】ABC

【解析】防水工程按其所用材料不同可分为砂浆、混凝土防水，涂料防水，卷材防水三类。

第五章 施工项目管理

一、判断题

1. 施工项目是指建筑企业自施工投标开始到保修期满为止的全部过程中完成的项目。

【答案】正确

【解析】施工项目是指建筑企业自施工投标开始到保修期满为止的全部过程中完成的项目。

2. 项目是指为达到符合规定要求的目标，按限定时间、限定资源和限定质量标准等约束条件完成的，由一系列相互协调的受控活动组成的特定过程。

【答案】正确

【解析】项目是指为达到符合规定要求的目标，按限定时间、限定资源和限定质量标准等约束条件完成的，由一系列相互协调的受控活动组成的特定过程。

3. 分部工程也称为施工项目。

【答案】错误

【解析】施工项目是指建筑企业自施工投标开始到保修期满为止的全部过程中完成的项目。应当注意的是，只有建设项目、单项工程、单位工程的施工活动过程才称得上是施工项目，而分部工程、分项工程不是建筑企业的最终产品，因此它们的活动过程不能称为施工项目，而是施工项目的组成部分。

4. 项目管理是指项目管理者为达到项目的目标，运用系统理论和方法对项目进行的策划、组织、控制、协调等活动过程的总称。

【答案】正确

【解析】项目管理是指项目管理者为达到项目的目标，运用系统理论和方法对项目进行的策划、组织、控制、协调等活动过程的总称。

5. 在工程开工前，由项目经理组织编制施工项目管理实施规划，对施工项目管理从开工到交工验收进行全面的指导性规划。

【答案】正确

【解析】在工程开工前，由项目经理组织编制施工项目管理实施规划，对施工项目管理从开工到交工验收进行全面的指导性规划。

6. 施工项目的生产要素主要包括劳动力、材料、技术和资金。

【答案】错误

【解析】施工项目的生产要素主要包括劳动力、材料、设备、技术和资金。

7. 项目经理部是工程的主管部门，主要负责工程项目在保修期间问题的处理，包括因质量问题造成的返（维）修、工程剩余价款的结算以及回收等。

【答案】错误

【解析】企业工程管理部门是项目经理部解体善后工作的主管部门，主要负责项目经理部解体后工程项目在保修期间问题的处理，包括因质量问题造成的返（维）修、工程剩余价款的结算以及回收等。

8. 项目质量控制贯穿于项目施工的全过程。

【答案】错误

【解析】项目质量控制贯穿于项目实施的全过程。

9. 安全管理的对象是生产中一切人、物、环境、管理状态，安全管理是一种动态管理。

【答案】正确

【解析】安全管理的对象是生产中一切人、物、环境、管理状态，安全管理是一种动态管理。

10. 施工现场包括红线以内占用的建筑用地和施工用地以及临时施工用地。

【答案】错误

【解析】施工现场既包括红线以内占用的建筑用地和施工用地，又包括红线以外现场附近经批准占用的临时施工用地。

二、单选题

1. 下列选项中关于施工项目管理的特点说法有误的是（　　）。
A. 对象是施工项目
B. 主体是建设单位
C. 内容是按阶段变化的
D. 要求强化组织协调工作

【答案】B

【解析】施工项目管理的特点：施工项目管理的主体是建筑企业；施工项目管理的对象是施工项目；施工项目管理的内容是按阶段变化的；施工项目管理要求强化组织协调工作。

2. 下列施工项目管理程序的排序正确的是（　　）。
A. 投标、签订合同阶段→施工准备→施工→验收交工与结算→用后服务
B. 施工准备阶段→投标、签订合同→施工→验收交工与结算→用后服务
C. 投标、签订合同阶段→施工→施工准备→验收交工与结算→用后服务
D. 投标、签订合同阶段→施工准备→施工→验收交工→用后服务与结算

【答案】A

【解析】施工项目管理程序为：投标、签订合同阶段；施工准备阶段；施工阶段；验收交工与结算阶段；用后服务阶段。

3. 以下不属于施工项目管理内容的是（　　）。
A. 施工项目的生产要素管理
B. 组织协调
C. 施工现场的管理
D. 项目的规划设计

【答案】D

【解析】施工项目管理包括以下八方面内容：建立施工项目管理组织、编制施工项目管理规划、施工项目的目标控制、施工项目的生产要素管理、施工项目的合同管理、施工项目的信息管理、施工现场的管理、组织协调等。

4. 下列关于施工项目管理组织的形式的说法中，错误的是（　　）。
A. 工作队式项目组织适用于大型项目，工期要求紧，要求多工种、多部门配合的

项目

　　B. 事业部式项目组织适用于大型经营型企业的工程承包

　　C. 部门控制式项目组织一般适用于专业性强的大中型项目

　　D. 矩阵式项目组织适用于同时承担多个需要进行项目管理工程的企业

【答案】C

【解析】工作队式项目组织适用于大型项目，工期要求紧，要求多工种、多部门配合的项目。部门控制式项目组织一般适用于小型的、专业性强、不需涉及众多部门的施工项目。矩阵制项目组织适用于同时承担多个需要进行项目管理工程的企业。事业部式项目组织适用于大型经营型企业的工程承包，特别是适用于远离公司本部的工程承包。

5. 以下关于施工项目管理组织形式的表述，错误的是（　　）。

　　A. 施工项目管理组织的形式是指施工项目管理组织中处理管理层次、管理跨度、部门设置和上下级关系的组织结构的类型

　　B. 施工项目主要的管理组织形式有工作队式、部门控制式、矩阵式、事业部式等

　　C. 工作队式项目组织是指主要由企业中有关部门抽出管理力量组成施工项目经理部的方式

　　D. 在施工项目实施过程中，应进行组织协调、沟通和处理好内部及外部的各种关系，排除各种干扰和障碍

【答案】D

【解析】施工项目管理中的组织协调，在施工项目实施过程中，应进行组织协调、沟通和处理好内部及外部的各种关系，排除各种干扰和障碍。施工项目管理组织的形式是指在施工项目管理组织中处理管理层次、管理跨度、部门设置和上下级关系的组织结构的类型。主要的管理组织形式有工作队式、部门控制式、矩阵式、事业部式等。工作队式项目组织是指主要由企业中有关部门抽出管理力量组成施工项目经理部的方式，企业职能部门处于服务地位。

6. 下列选项中，不属于建立施工项目经理部的基本原则的是（　　）。

　　A. 根据所设计的项目组织形式设置

　　B. 适应现场施工的需要

　　C. 满足建设单位关于施工项目目标控制的要求

　　D. 根据施工工程任务需要调整

【答案】C

【解析】建立施工项目经理部的基本原则：根据所设计的项目组织形式设置；根据施工项目的规模、复杂程度和专业特点设置；根据施工工程任务需要调整；适应现场施工的需要。

7. 施工项目的劳动组织不包括下列的（　　）。

　　A. 劳务输入　B. 劳动力组织　C. 项目经理部对劳务队伍的管理　D. 劳务输出

【答案】D

【解析】施工项目的劳动组织应从劳务输入、劳动力组织、项目经理部对劳务队伍的管理三方面进行。

8. 以下关于施工项目经理部综合性的描述，错误的是（　　）。

A. 施工项目经理部是企业所属的经济组织，主要职责是管理施工项目的各种经济活动

B. 施工项目经理部的管理职能是综合的，包括计划、组织、控制、协调、指挥等多方面

C. 施工项目经理部的管理业务是综合的，从横向看包括人、财、物、生产和经营活动，从纵向看包括施工项目寿命周期的主要过程

D. 施工项目经理部受企业多个职能部门的领导

【答案】D

【解析】施工项目经理部的综合性主要表现在以下几方面：施工项目经理部是企业所属的经济组织，主要职责是管理施工项目的各种经济活动；施工项目经理部的管理职能是综合的，包括计划、组织、控制、协调、指挥等多方面；施工项目经理部的管理业务是综合的，从横向看包括人、财、物、生产和经营活动，从纵向看包括施工项目寿命周期的主要过程。

9. 施工项目经理部的性质可以概括为三个方面，即（　　）。

A. ①综合性；②相对独立性；③临时性

B. ①施工项目经理部是企业所属的经济组织；②施工项目经理部的管理职能是综合的；③施工项目经理部的管理业务是综合的

C. ①施工项目经理部同企业存在着行政隶属关系，要绝对服从企业的全面领导；②施工项目经理部是一个施工项目独立利益的代表，存在着独立的利益；③施工项目经理部负责施工项目从开工到竣工的全过程施工生产经营的管理

D. ①施工项目经理部为项目经理决策提供信息依据，执行项目经理的决策意图，向项目经理全面负责；②项目经理部作为项目团队，应具有团队精神，完成企业所赋予的基本任务；③项目经理部是代表企业履行工程承包合同的主体，对项目产品和建设单位负责

【答案】A

【解析】项目经理部的性质可以归纳为相对独立性、综合性、临时性三个方面。

10. 施工项目目标控制包括：施工项目进度控制、施工项目质量控制、（　　）、施工项目安全控制四个方面。

A. 施工项目管理控制　B. 施工项目成本控制

C. 施工项目人力控制　D. 施工项目物资控制

【答案】B

【解析】施工项目目标控制包括：施工项目进度控制、施工项目质量控制、施工项目成本控制、施工项目安全控制四个方面。

11. 下列选项中，不属于施工项目目标控制问题的要素的是（　　）。

A. 施工项目　B. 控制主体　C. 纠偏措施　D. 排除干扰

【答案】D

【解析】施工项目目标控制问题的要素包括：施工项目、控制目标、控制主体、实施计划、实施信息、偏差数据、纠偏措施、纠偏行为。

12. 以下关于施工项目目标控制的表述，错误的是（　　）。

A. 施工项目目标控制问题的要素包括施工项目、控制目标、控制主体、实施计划、

实施信息、偏差数据、纠偏措施、纠偏行为

B. 施工项目控制的目的是排除干扰、实现合同目标

C. 施工项目目标控制是实现施工目标的手段

D. 施工项目目标控制包括进度控制、质量控制和成本控制三个方面

【答案】D

【解析】施工项目目标控制问题的要素包括施工项目、控制目标、控制主体、实施计划、实施信息、偏差数据、纠偏措施、纠偏行为。施工项目控制的目的是排除干扰、实现合同目标。因此，可以说施工项目目标控制是实现施工目标的手段。施工项目目标控制包括：施工项目进度控制、施工项目质量控制、施工项目成本控制、施工项目安全控制四个方面。

13. 施工项目控制的任务是进行以项目进度控制、质量控制、成本控制和安全控制为主要内容的四大目标控制。其中下列不属于与施工项目成果相关的是（   ）。

A. 进度控制　　B. 安全控制　　C. 质量控制　　D. 成本控制

【答案】B

【解析】施工项目控制的任务是进行以项目进度控制、质量控制、成本控制和安全控制为主要内容的四大控制。其中前三项目标是施工项目成果，而安全目标是指施工过程中人和物的状态。

14. 为了取得施工成本管理的理想效果，必须从多方面采取有效措施实施管理，这些措施不包括（   ）。

A. 组织措施　　B. 技术措施　　C. 经济措施　　D. 管理措施

【答案】D

【解析】施工项目成本控制的措施包括组织措施、技术措施、经济措施。

15. 下列各项措施中，不属于施工项目质量控制的措施的是（   ）。

A. 提高管理、施工及操作人员自身素质

B. 提高施工的质量管理水平

C. 尽可能采用先进的施工技术、方法和新材料、新工艺、新技术，保证进度目标实现

D. 加强施工项目的过程控制

【答案】C

【解析】施工项目质量控制的措施：1）提高管理、施工及操作人员自身素质；2）建立完善的质量保证体系；3）加强原材料质量控制；4）提高施工的质量管理水平；5）确保施工工序的质量；6）加强施工项目的过程控制。

16. 施工项目过程控制中，加强专项检查，包括自检、（   ）、互检。

A. 专检　　B. 全检　　C. 交接检　　D. 质检

【答案】A

【解析】加强专项检查，包括自检、专检、互检，及时解决问题。

17. 以下不属于施工项目质量控制措施的是（   ）。

A. 组织措施、技术措施、合同措施、经济措施、信息管理措施等

B. 提高管理、施工及操作人员自身素质

C. 建立完善的质量保证体系

D. 加强原材料质量控制

【答案】 A

【解析】 施工项目质量控制的措施：1）提高管理、施工及操作人员自身素质；2）建立完善的质量保证体系；3）加强原材料质量控制；4）提高施工的质量管理水平；5）确保施工工序的质量；6）加强施工项目的过程控制。

18. 施工项目成本控制的措施是（　　）。

A. 组织措施、技术措施、经济措施

B. 控制人工费用、控制材料费、控制机械费用、控制间接费及其他直接费

C. 组织措施、制度措施、管理措施

D. 管理措施、技术措施、人力措施

【答案】 A

【解析】 施工项目成本控制的措施包括组织措施、技术措施、经济措施。

19. 以下不属于施工资源管理任务的是（　　）。

A. 确定资源类型及数量　　B. 设计施工现场平面图

C. 编制资源进度计划　　D. 施工资源进度计划的执行和动态调整

【答案】 B

【解析】 施工资源管理的任务：确定资源类型及数量；确定资源的分配计划；编制资源进度计划；施工资源进度计划的执行和动态调整。

20. 以下不属于施工项目现场管理内容的是（　　）。

A. 规划及报批施工用地　　B. 设计施工现场平面图

C. 建立施工现场管理组织　　D. 为项目经理决策提供信息依据

【答案】 D

【解析】 施工项目现场管理的内容：1）规划及报批施工用地；2）设计施工现场平面图；3）建立施工现场管理组织；4）建立文明施工现场；5）及时清场转移。

三、多选题

1. 施工项目具有以下特征（　　）。

A. 施工项目是建设项目或其中单项工程、单位工程的施工活动过程

B. 承接的工程是房屋建筑工程施工

C. 建筑产品具有多样性、固定性、体积较大的特点

D. 建筑企业是施工项目的管理主体

E. 施工项目的任务范围是由施工合同界定的

【答案】 ACDE

【解析】 施工项目具有以下特征：施工项目是建设项目或其中的单项工程、单位工程的施工活动过程；建筑企业是施工项目的管理主体；施工项目的任务范围是由施工合同界定的；建筑产品具有多样性、固定性、体积庞大的特点。

2. 建筑产品具有以下特点（　　）。

A. 多样性　　B. 固定性　　C. 施工的复杂性　　D. 体积庞大　　E. 流动性

【答案】ABD

【解析】施工项目具有以下特征：施工项目是建设项目或其中的单项工程、单位工程的施工活动过程；建筑企业是施工项目的管理主体；施工项目的任务范围是由施工合同界定的；建筑产品具有多样性、固定性、体积庞大的特点。

3. 下列工作中，属于施工阶段的有（   ）。
   A. 组建项目经理部
   B. 严格履行合同，协调好与建设单位、监理单位、设计单位等相关单位的关系
   C. 项目经理组织编制《施工项目管理实施规划》
   D. 项目经理部编写开工报告
   E. 管理施工现场，实现文明施工

【答案】BE

【解析】施工阶段的目标是完成合同规定的全部施工任务，达到交工验收条件。该阶段的主要工作由项目经理部实施。其主要工作包括：①做好动态控制工作，保证质量、进度、成本、安全目标的合理全面；②管理施工现场，实现文明施工；③严格履行合同，协调好与建设单位、监理单位、设计单位等相关单位的关系；④处理好合同变更及索赔；⑤做好记录、检查、分析和改进工作。

4. 施工项目管理具有（   ）特点。
   A. 施工项目管理的主体是建筑企业   B. 施工项目管理的主体是建设单位
   C. 施工项目管理的对象是施工项目   D. 施工项目管理的内容是按阶段变化的
   E. 施工项目管理要求强化组织协调工作

【答案】ACDE

【解析】施工项目管理的特点：施工项目管理的主体是建筑企业；施工项目管理的对象是施工项目；施工项目管理的内容是按阶段变化的；施工项目管理要求强化组织协调工作。

5. 下列各项中，不属于施工项目管理的内容的是（   ）。
   A. 建立施工项目管理组织   B. 编制《施工项目管理目标责任书》
   C. 施工项目的生产要素管理   D. 施工项目的施工情况的评估
   E. 施工项目的信息管理

【答案】BD

【解析】施工项目管理包括以下八方面内容：建立施工项目管理组织、编制施工项目管理规划、施工项目的目标控制、施工项目的生产要素管理、施工项目的合同管理、施工项目的信息管理、施工现场的管理、组织协调等。

6. 下列各部门中，不属于项目经理部可设置的是（   ）。
   A. 经营核算部门   B. 物资设备供应部门   C. 设备检查检测部门
   D. 测试计量部门   E. 企业工程管理部门

【答案】CE

【解析】一般项目经理部可设置经营核算部门、技术管理部门、物资设备供应部门、质量安全监控管理部门、测试计量部门等5个部门。

7. 下列选项中，属于项目部设置最基本的岗位是（   ）。

A. 施工员　B. 安全员　C. 机械员　D. 劳务员　E. 测量员

【答案】ABE

【解析】项目部设置最基本的六大岗位：施工员、质量员、安全员、资料员、造价员、测量员，其他还有材料员、标准员、机械员、劳务员等。

8. 项目规模达到以下标准时，才实行施工项目管理（　　）。
A. 1 万 m² 以上的公共建筑　　B. 2 万 m² 以上的工业建筑
C. 项目投资在 500 万以上　　D. 项目投资在 5000 万以上
E. 1 万 m² 以上的工业建筑

【答案】ACDE

【解析】当施工项目的规模达到以下要求时才实行施工项目管理：1 万㎡以上的公共建筑、工业建筑、住宅建设小区及其他工程项目投资在 500 万元以上的，均实行项目管理。

9. 以下人员是施工现场的管理者（　　）。
A. 劳务员　B. 造价员　C. 资料员　D. 出纳员　E. 安全员

【答案】ABCE

【解析】施工员、质量员、安全员、资料员、造价员、测量员、材料员、标准员、机械员、劳务员都是项目的专业人员，是施工现场的管理者。

10. 项目经理部的技术管理部门的主要工作有（　　）。
A. 负责生产调度　　B. 负责文明施工　　C. 负责技术管理
D. 负责工程质量　　E. 负责合同与索赔

【答案】ABC

【解析】技术管理部门主要负责生产调度、文明施工、劳动管理、技术管理、施工组织设计、计划统计等工作。

11. 施工项目目标控制的任务包括（　　）。
A. 进度控制　　　B. 质量控制　　　C. 成本控制
D. 材料消耗控制　E. 盈利目标控制

【答案】ABC

【解析】施工项目控制的任务是进行以项目进度控制、质量控制、成本控制和安全控制为主要内容的四大控制。其中前三项目标是施工项目成果，而安全目标是指施工过程中人和物的状态。

12. 下列关于施工项目目标控制的措施说法错误的是（　　）。
A. 建立完善的工程统计管理体系和统计制度属于信息管理措施
B. 主要有组织措施、技术措施、合同措施、经济措施和管理措施
C. 落实施工方案，在发生问题时，能适时调整工作之间的逻辑关系，加快实施进度属于技术措施
D. 签订并实施关于工期和进度的经济承包责任制属于合同措施
E. 落实层次进度控制的人员及其具体任务和工作责任属于组织措施

【答案】BD

【解析】施工项目进度控制的措施主要有组织措施、技术措施、合同措施、经济措施

和信息管理措施等。组织措施主要是指落实各层次的进度控制的人员及其具体任务和工作责任,建立进度控制的组织系统;按着施工项目的结构、进展的阶段或合同结构等进行项目分解,确定其进度目标,建立控制目标体系;建立进度控制工作制度,如定期检查时间、方法,召开协调会议时间、参加人员等,并对影响实际施工进度的主要因素分析和预测,制订调整施工实际进度的组织措施。技术措施主要是指应尽可能采用先进的施工技术、方法和新材料、新工艺、新技术,保证进度目标实现;落实施工方案,在发生问题时,能适时调整工作之间的逻辑关系,加快实施进度。合同措施是指以合同形式保证工期进度的实现,即保持总进度控制目标与合同总工期相一致;分包合同的工期与总包合同的工期相一致;供货、供电、运输、构件加工等合同规定的提供服务时间与有关的进度控制目标相一致。经济措施是指要制订切实可行的实现进度计划进度所必需的资金保证措施,包括落实实现进度目标的保证资金;签订并实施关于工期和进度的经济承包责任制;建立并实施关于工期和进度的奖惩制度。信息管理措施是指建立完善的工程统计管理体系和统计制度,详细、准确、定时地收集有关工程实际进度情况的资料和信息,并进行整理统计,得出工程施工实际进度完成情况的各项指标,将其与施工计划进度的各项指标比较,定期地向建设单位提供比较报告。

13. 施工项目进度控制的主要措施有(　　)。
A. 组织措施　B. 技术措施　C. 合同措施　D. 成本措施　E. 管理措施

【答案】ABC

【解析】施工项目进度控制的措施主要有组织措施、技术措施、合同措施、经济措施和信息管理措施等。

14. 以下属于施工项目资源管理的内容的是(　　)。
A. 劳动力　B. 材料　C. 技术　D. 机械设备　E. 施工现场

【答案】ABCD

【解析】施工项目资源管理的内容:劳动力、材料、机械设备、技术、资金。

15. 以下各项中不属于施工资源管理的任务的是(　　)。
A. 规划及报批施工用地　　B. 确定资源类型及数量
C. 确定资源的分配计划　　D. 建立施工现场管理组织
E. 施工资源进度计划的执行和动态调整

【答案】AD

【解析】施工资源管理的任务:确定资源类型及数量;确定资源的分配计划;编制资源进度计划;施工资源进度计划的执行和动态调整。

16. 以下各项中属于施工现场管理的内容的是(　　)。
A. 落实资源进度计划　B. 设计施工现场平面图
C. 建立文明施工现场　D. 施工资源进度计划的动态调整
E. 及时清场转移

【答案】BCE

【解析】施工项目现场管理的内容:1)规划及报批施工用地;2)设计施工现场平面图;3)建立施工现场管理组织;4)建立文明施工现场;5)及时清场转移。

第六章 结构构造的基本知识

一、判断题

1. 宿舍、住宅、公寓等都属于居住建筑。

【答案】正确

【解析】居住建筑：供人们居住和进行公共活动的建筑的总称，如宿舍、住宅、公寓等。

2. 建筑物总高度超过100m时，不论其是住宅还是公共建筑，均为超高层。

【答案】正确

【解析】建筑物总高度超过100m时，不论其是住宅还是公共建筑，均为超高层。

3. 楼板层是建筑物水平方向的承重构件，对墙体不能起到水平支撑的作用。

【答案】错误

【解析】楼板层：建筑物水平方向的承重构件，将楼层上的荷载传给墙和柱，同时还对墙体起支撑作用。

4. 建筑物耐久性的指标是设计使用年限。

【答案】正确

【解析】建筑物耐久性的指标是设计使用年限。

5. 基础埋深是指自设计室外地面至基础底面的深度。

【答案】正确

【解析】基础埋深是指自设计室外地面至基础底面的深度。

6. 条形基础是连续带形，所以也称为带形基础。

【答案】正确

【解析】条形基础是连续带形，所以也称为带形基础。

7. 墙体是建筑的主要围护构件和结构构件。

【答案】正确

【解析】墙体是建筑的主要围护构件和结构构件。

8. 实心黏土砖墙的厚度是按砖的倍数确定的。

【答案】错误

【解析】实心黏土砖墙的厚度是按半砖的倍数确定的。

9. 墙体的勒脚的主要作用是为了保护墙体免受机械碰撞，避免墙角受潮，美观。

【答案】正确

【解析】墙体的勒脚的主要作用是为了保护墙体免受机械碰撞，避免墙角受潮，美观。

10. 构造柱的位置一般设在建筑物转角、楼梯间的四角、内外墙交界处。

【答案】正确

【解析】构造柱的位置一般设在建筑物转角、楼梯间的四角、内外墙交界处。

11. 楼板是房屋主要的水平承重构件和水平支撑构件。

【解析】 楼板是房屋主要的水平承重构件和水平支撑构件。

12. 空心板空洞形状有圆形、长圆形和矩形等，以矩形孔板最为方便，应用最广。

【答案】 错误

【解析】 空心板空洞形状有圆形、长圆形和矩形等，以圆形孔板最为方便，应用最广。

13. 钢筋混凝土楼梯的耐久性和耐火性均比木材和钢材要好。

【答案】 正确

【解析】 钢筋混凝土楼梯的耐久性和耐火性均比木材和钢材要好。

14. 窗的主要功能是采光和通风。

【答案】 正确

【解析】 窗的主要功能是采光和通风。

15. 门的主要用途是交通联系和围护，在建筑的里面处理和室内装修中也有着重要作用。

【答案】 正确

【解析】 门的主要用途是交通联系和围护，在建筑的里面处理和室内装修中也有着重要作用。

16. 彩钢板门窗是彩色镀锌钢板，经过机械加工而成的门窗。

【答案】 正确

【解析】 彩钢板门窗是彩色镀锌钢板，经过机械加工而成的门窗。

17. 顶棚层的作用及构造做法与楼板层顶棚基本相同，分直接抹灰式顶棚和悬吊式顶棚。

【答案】 正确

【解析】 顶棚层的作用及构造做法与楼板层顶棚基本相同，分直接抹灰式顶棚和悬吊式顶棚。

18. 平屋顶柔性屋面保护层的材料做法应该只根据防水层所用材料情况而定。

【答案】 错误

【解析】 平屋顶柔性屋面保护层的材料做法应根据防水层所用材料和屋面的利用情况而定。

19. 刚性防水屋面的雨水口也有直管式雨水口和弯管式雨水口两种做法。

【答案】 正确

【解析】 刚性防水屋面的雨水口也有直管式雨水口和弯管式雨水口两种做法。

20. 平屋顶涂膜防水屋面主要适用于防水等级为Ⅲ级的屋面。

【答案】 错误

【解析】 平屋顶涂膜防水屋面主要适用于防水等级为Ⅲ级和Ⅳ级的屋面。

21. 变形缝是为防止建筑物在外界因素（温度变化、地基不均匀沉降及地震）作用下产生变形，导致开裂甚至破坏而认为设置的适当宽度的缝隙。

【答案】 正确

【解析】 变形缝是为防止建筑物在外界因素（温度变化、地基不均匀沉降及地震）作用下产生变形，导致开裂甚至破坏而认为设置的适当宽度的缝隙，包括伸缩缝、沉降缝和防震缝三种类型。

22. 变形缝处选择的盖缝板的形式应该能符合所属变形缝类别的变形需要。

【答案】错误

【解析】变形缝处选择的盖缝板的形式必须能符合所属变形缝类别的变形需要。

23. 在厂房建筑中，支撑各种荷载作用的构件所组成的骨架成为结构。

【答案】正确

【解析】在厂房建筑中，支撑各种荷载作用的构件所组成的骨架称为结构。

24. 为了便于柱的安装，杯口尺寸应大于柱的截面尺寸。

【答案】正确

【解析】为了便于柱的安装，杯口尺寸应大于柱的截面尺寸。

25. 排架柱在厂房结构中不是主要的承重构件之一。

【答案】错误

【解析】排架柱在厂房结构中是主要的承重构件之一。

二、单选题

1. 办公楼、医院、图书馆等都是属于（　　）。
   A. 民用建筑　B. 居住建筑　C. 公共建筑　D. 工业建筑

【答案】C

【解析】公共建筑：指供人们进行各种公共活动的建筑物，如办公楼、医院、图书馆、商店、影剧院等。

2. 高层建筑指的是总高度超过（　　）。
   A. 24m　B. 26m　C. 28m　D. 32m

【答案】A

【解析】总高度超过24m为高层（不包括高度超过24m的单层主体建筑）。

3. 建筑物的主要承重构件为梁、柱、板及楼梯等用钢筋混凝土，而非承重墙用空心砖或其他轻质砖块的结构指的是（　　）。
   A. 砖木结构　B. 钢结构　C. 混合结构　D. 钢筋混凝土结构

【答案】D

【解析】钢筋混凝土结构指的是建筑物的主要承重构件为梁、柱、板及楼梯等用钢筋混凝土，而非承重墙用空心砖或其他轻质砖块。

4. 宿舍、住宅、公寓等都是属于（　　）。
   A. 民用建筑　B. 居住建筑　C. 公共建筑　D. 工业建筑

【答案】B

【解析】居住建筑：供人们居住和进行公共活动的建筑的总称，如宿舍、住宅、公寓等。

5. 楼房建筑的垂直交通设施，供人们平时上下和紧急疏散时使用的是（　　）。
   A. 楼梯　B. 墙柱　C. 楼板层　D. 地面

【答案】A

【解析】楼梯：楼房建筑的垂直交通设施，供人们平时上下和紧急疏散时使用。

6. 建筑物的耐久等级为二级，其使用年限为（　　）年。
A. 100　B. 50~100　C. 25~50　D. 15以下

【答案】B

【解析】二级：使用年限50~100年，适用于一般性建筑。

7. 基础埋深小于（　　）时，开挖、排水用普通方法，此类基础称为浅基础。
A. 1m　B. 2m　C. 5m　D. 6m

【答案】B

【解析】基础埋深小于5m时，开挖、排水用普通方法，此类基础称为浅基础。

8. 适用于多层框架结构或厂房排架柱下基础，地基承载力不低于（　　）时，其材料通常采用钢筋混凝土、素混凝土等。
A. 60kPa　B. 70kPa　C. 80kPa　D. 90kPa

【答案】C

【解析】适用于多层框架结构或厂房排架柱下基础，地基承载力不低于80kPa时，其材料通常采用钢筋混凝土、素混凝土等。

9. 混凝土基础垫层常用材料是C15、C20的混凝土，厚度（　　），每侧加宽（　　）。
A. 80~100mm；80~100mm　　B. 60~80mm；80~100mm
C. 80~100mm；100~120mm　　D. 60~80mm；100~120mm

【答案】A

【解析】混凝土基础垫层常用材料是C15、C20的混凝土，厚度80~100mm，每侧加宽80~100mm。

10. 钢筋混凝土基础垫层常用材料是C15、C20的混凝土，厚度（　　），垫层每侧应该伸出底板（　　）。
A. 100mm；100mm　　B. 80mm；100mm
C. 100mm；80mm　　D. 80mm；120mm

【答案】A

【解析】垫层常用材料是C15、C20的混凝土，厚度100mm，垫层每侧应该伸出底板100mm。

11. 墙的作用主要包括围护、分隔和（　　）。
A. 承重　B. 阻断　C. 通风　D. 采光

【答案】A

【解析】墙体的作用概括起来包括承重、围护、分隔。

12. 半砖墙对应的构造尺寸为（　　）。
A. 115mm　B. 178mm　C. 240mm　D. 365mm

【答案】A

【解析】实心黏土砖墙的厚度是按半砖墙的倍数确定的，如半砖墙、3/4砖墙、一砖墙、一砖半墙、两砖墙等，相对应的构造尺寸为115、178、240、365、490mm。

13. 墙身防潮层中细石混凝土防潮层铺设的细石混凝土的厚度为（　　）。
A. 40mm　B. 50mm　C. 60mm　D. 70mm

【答案】C

【解析】细石混凝土防潮层：在防潮层位置铺设60mm厚C15或C20细石混凝土，内配3根6mm或者是3根8mm的钢筋以抗裂。

14. 勒脚的高度一般不应低于（　　）。
    A. 400mm　B. 500mm　C. 600mm　D. 700mm

【答案】B

【解析】在一般情况下，勒脚的高度不应低于500mm，常用600~800mm。

15. 散水一般是在建筑物外墙四周地面做成（　　）的倾斜坡面。
    A. 1%~3%　B. 2%~4%　C. 3%~5%　D. 4%~6%

【答案】C

【解析】散水位置：建筑物外墙四周地面做成3%~5%的倾斜坡面。

16. 外窗台有悬挑窗台和不悬挑窗台两种，挑窗台底部边缘处抹灰应做宽度和深度均不小于（　　）的滴水线或滴水槽。
    A. 5mm　B. 10mm　C. 15mm　D. 20mm

【答案】B

【解析】外窗台有悬挑窗台和不悬挑窗台两种，挑窗台底部边缘处抹灰应做宽度和深度均不小于10mm的滴水线或滴水槽。

17. 地下室的外墙如果用钢筋混凝土或素混凝土，其最小厚度应该不小于（　　）。
    A. 200mm　B. 300mm　C. 400mm　D. 500mm

【答案】B

【解析】地下室墙体：地下室的外墙如用钢筋混凝土或素混凝土墙，应按计算确定，其最小厚度应满足结构要求，还应满足抗渗厚度要求。其最小厚度不低于300mm，外墙应做防潮或防水处理。

18. 板式楼板的厚度应该不小于（　　）。
    A. 40mm　B. 50mm　C. 60mm　D. 70mm

【答案】C

【解析】板的厚度通常为跨度的1/40~1/30，且不小于60mm。

19. 在预制装配式钢筋混凝土楼板中实心平板的板厚一般为（　　）。
    A. 40~70mm　B. 50~80mm　C. 60~90mm　D. 70~100mm

【答案】B

【解析】板的两端支撑在墙或梁上，板厚一般为50~80mm，跨度在2.4m之内为宜，板宽约为500~900mm。

20. 地坪当中刚性垫层的厚度一般为（　　）。
    A. 40~80mm　B. 50~90mm　C. 60~100mm　D. 70~110mm

【答案】C

【解析】垫层当中的刚性垫层一般采用C15或C20厚60~100mm的混凝土。

21. 下列设施当中不属于竖向交通工具的是（　　）。
    A. 楼梯　B. 自动扶梯　C. 爬梯　D. 楼板

【答案】D

【解析】房屋各个不同楼层以及不同高度之间，需要有个垂直交通设施，此项设施有楼梯、电梯、自动扶梯、爬梯以及台阶、坡道。

22. 现浇混凝土楼梯按照楼梯段的传力特点，主要可以分为（　　）。
A. 板式和梁式　B. 现浇和装配　C. 竖向和横向　D. 混凝土和砖砌

【答案】A

【解析】现浇混凝土楼梯按照楼梯段的传力特点，主要可以分为板式和梁式。

23. 我国大部分标准窗的尺寸均采用（　　）的扩大模数。
A. 2M　B. 3M　C. 4M　D. 5M

【答案】B

【解析】我国大部分标准窗的尺寸均采用3M的扩大模数。

24. 一般来说，门的高度不应该小于（　　）。
A. 2000mm　B. 2100mm　C. 2200mm　D. 2300mm

【答案】B

【解析】一般来说，门的高度不宜小于2100mm，有亮子时可适当增高300~600mm。

25. 防火门可分为甲、乙、丙三级，其耐火极限分别为（　　）。
A. 1.2h、0.9h、0.6h　B. 1.4h、1.2h、0.9h
C. 1.2h、1.0h、0.8h　D. 1.4h、0.8h、0.6h

【答案】A

【解析】防火门可分为甲、乙、丙三级，其耐火极限分别为1.2h、0.9h、0.6h。

26. 防火门为甲级，其耐火极限分别为（　　）。
A. 1.2h　B. 0.9h　C. 0.6h　D. 0.4h

【答案】A

【解析】防火门可分为甲、乙、丙三级，其耐火极限分别为1.2h、0.9h、0.6h。

27. 防火门为乙级，其耐火极限分别为（　　）。
A. 1.2h　B. 0.9h　C. 0.6h　D. 0.4h

【答案】B

【解析】防火门可分为甲、乙、丙三级，其耐火极限分别为1.2h、0.9h、0.6h。

28. 防火门为丙级，其耐火极限分别为（　　）。
A. 1.2h　B. 0.9h　C. 0.6h　D. 0.4h

【答案】C

【解析】防火门可分为甲、乙、丙三级，其耐火极限分别为1.2h、0.9h、0.6h。

29. 平屋顶一般指屋面坡度小于（　　）的屋顶。
A. 4%　B. 5%　C. 6%　D. 7%

【答案】B

【解析】平屋顶一般指屋面坡度小于5%的屋顶，常用的坡度为1%~3%。

30. 坡屋顶由斜屋面组成，屋面坡度一般大于（　　），坡屋顶在我国有悠久的历史。
A. 7%　B. 8%　C. 9%　D. 10%

【答案】D

【解析】坡屋顶由斜屋面组成，屋面坡度一般大于10%，坡屋顶在我国有悠久的历史。

31. 平屋顶柔性防水屋面适用于防水等级为（　　）的防水屋面。
   A. Ⅰ~Ⅳ级　B. Ⅰ~Ⅴ级　C. Ⅱ~Ⅳ级　D. Ⅱ~Ⅴ级

【答案】A

【解析】平屋顶柔性防水屋面适用于防水等级为Ⅰ~Ⅳ级的防水屋面。

32. 柔性屋面找平层采用水泥砂浆或细石混凝土时，纵横缝的最大间距不宜大于（　　）。
   A. 4m　B. 5m　C. 6m　D. 7m

【答案】C

【解析】柔性屋面找平层采用水泥砂浆或细石混凝土时，纵横缝的最大间距不宜大于6m。

33. 平屋顶刚性防水屋面主要适用于防水等级为（　　）的屋面防水。
   A. Ⅰ级　B. Ⅱ级　C. Ⅲ级　D. Ⅳ级

【答案】C

【解析】平屋顶刚性防水屋面主要适用于防水等级为Ⅲ级的屋面防水。

34. 平屋顶刚性防水屋面找平层的做法一般是铺设（　　）1∶3水泥砂浆。
   A. 15mm　B. 20mm　C. 25mm　D. 30mm

【答案】B

【解析】找平层：为了保证防水层厚薄均匀，通常应在预制钢筋混凝土屋面板上先做一层找平层，找平层的做法一般为20mm厚1∶3水泥砂浆，若屋面板为现浇时可不设此层。

35. 平屋顶刚性防水屋面檐口中防水层应挑出屋面至少（　　）。
   A. 40mm　B. 50mm　C. 60mm　D. 70mm

【答案】C

【解析】屋面铺好隔离层后再浇筑防水层，平屋顶刚性防水屋面檐口中防水层应挑出屋面至少60mm。

36. 将坡屋顶分为砖墙承重、屋架承重以及钢筋混凝土梁板承重是根据（　　）进行分类的。
   A. 材料类型　B. 承重方式　C. 安装方式　D. 结构类型

【答案】B

【解析】坡屋顶的承重结构方式有砖墙承重、屋架承重、钢筋混凝土梁板承重三种。

37. 伸缩缝的宽度一般为（　　）。
   A. 10~30mm　B. 20~40mm　C. 30~50mm　D. 40~60mm

【答案】B

【解析】伸缩缝的宽度一般为20~40mm，墙体在伸缩缝处断开。

38. 防震缝的宽度一般为（　　）。
   A. 40~90mm　B. 50~100mm　C. 60~110mm　D. 70~120mm

【答案】B

【解析】防震缝的宽度一般为50~100mm。

39. 基础梁将承受上部墙体重量，并把它传递给（　　）。

A. 基础　B. 底板　C. 墙　D. 桩

【答案】A

【解析】基础梁将承受上部墙体重量,并把它传递给基础。

40. 单层厂房中杯口顶每边应比柱每边大（　　）。
A. 70mm　B. 75mm　C. 80mm　D. 85mm

【答案】B

【解析】单层厂房中杯口顶每边应比柱每边大75mm。

41. 单层厂房中杯口底每边应比柱每边大（　　）。
A. 40mm　B. 50mm　C. 60mm　D. 70mm

【答案】B

【解析】单层厂房中杯口底每边应比柱每边大50mm。

42. 在柱底面与杯底之间还应预留（　　）的缝隙,用高强度细石混凝土找平。
A. 40mm　B. 50mm　C. 60mm　D. 70mm

【答案】B

【解析】在柱底面与杯底之间还应预留50mm的缝隙,用高强度细石混凝土找平。

43. 单层厂房当中,当墙体高度超过（　　）,须在适当的位置设置连系梁。
A. 10m　B. 15m　C. 20m　D. 25m

【答案】B

【解析】单层厂房当中,当墙体高度超过15m,须在适当的位置设置连系梁。

三、多选题

1. 按照建筑物的使用功能进行分类,主要可以分为（　　）。
A. 民用建筑　B. 农业建筑　C. 园林建筑　D. 工业建筑　E. 居住建筑

【答案】ABCD

【解析】按建筑物的使用功能分（1）民用建筑;（2）工业建筑;（3）农业建筑;（4）园林建筑。

2. 按照建筑的规模和数量分为（　　）。
A. 大量性建筑　B. 大型性建筑　C. 少量建筑　D. 小型建筑　E. 民用建筑

【答案】AB

【解析】按建筑物的规模和数量分主要包括:（1）大量性建筑;（2）大型性建筑。

3. 墙按照受力方式的不同,主要可以分为（　　）。
A. 承重墙　B. 非承重墙　C. 隔墙　D. 维护墙　E. 院墙

【答案】AB

【解析】墙和柱:建筑物竖直方向上的构件,其中根据墙体的受力形式的不同主要可以分为承重墙和非承重墙。

4. 按照基础的材料和受力特点分类,主要可以分为（　　）。
A. 深基础　B. 浅基础　C. 刚性基础　D. 柔性基础　E. 中性基础

【答案】CD

【解析】按照基础的材料及受力特点分类主要可以分为（1）刚性基础;（2）柔性

基础。

5. 桩基当中，按照受力形式的不同，桩主要可以分为（　　）。
A. 端承桩　B. 摩擦桩　C. 混凝土桩　D. 预制桩　E. 灌入桩

【答案】AB

【解析】根据受力性能不同分为端承桩、摩擦桩等。

6. 下列哪些属于非承重墙（　　）。
A. 自重墙　B. 隔墙　C. 填充墙　D. 幕墙　E. 女儿墙

【答案】ABCD

【解析】不承受上部传来的荷载的墙称为非承重墙，非承重墙包括自重墙、隔墙、填充墙、幕墙。

7. 散水的面层可以是（　　）。
A. 水泥砂浆　B. 混凝土　C. 砖　D. 块石　E. 泥土

【答案】ABCD

【解析】散水做法：散水可用水泥砂浆、混凝土、砖、块石等材料左面层，其宽度一般为 600~1000mm。

8. 圈梁常见的高度有（　　）。
A. 160mm　B. 180mm　C. 200mm　D. 220mm　E. 240mm

【答案】BE

【解析】圈梁的高度一般不小于120mm，常见的有180mm和240mm。

9. 构造柱的位置一般设置在（　　）。
A. 建筑物转角　B. 楼梯间四角　C. 内外墙交接处　D. 墙中间　E. 梁下方

【答案】ABC

【解析】构造柱的位置：一般设置在建筑物转角、楼梯间的四角、内外墙交接处。

10. 楼板具有一定的（　　）功能。
A. 隔声　B. 保温　C. 隔热　D. 隔光　E. 划分空间

【答案】ABC

【解析】楼板具有一定的隔声、保温、隔热功能。

11. 钢筋混凝土楼板根据施工方法的不同，可以分为（　　）。
A. 现浇整体式　B. 预制装配式　C. 装配整体式　D. 整体构架式　E. 压板组合式

【答案】ABC

【解析】钢筋混凝土楼板根据施工方法的不同，可分为现浇整体式、预制装配式、装配整体式三种类型。

12. 压型钢板组合楼板主要由（　　）组成。
A. 现浇混凝土　B. 钢筋　C. 钢衬板　D. 钢梁　E. 木材

【答案】ACD

【解析】压型钢板组合楼板主要由现浇混凝土、钢衬板和钢梁三部分组成。

13. 按照材料的不同，楼梯可分为（　　）。
A. 钢筋混凝土楼梯　B. 钢楼梯　C. 木楼梯　D. 组合楼梯　E. 现浇楼梯

【答案】ABCD

【解析】按楼梯材料分,楼梯可分为钢筋混凝土楼梯、钢楼梯、木楼梯和组合楼梯。

14. 按照层数的分类,窗可分为（　　）。
A. 单层窗 B. 多层窗 C. 单面窗 D. 多面窗 E. 组合窗

【答案】AB

【解析】按照层数的分类,窗可分为单层窗和多层窗。

15. 平开门主要是由（　　）组成。
A. 门框 B. 门扇 C. 亮子 D. 五金零件 E. 玻璃

【答案】ABCD

【解析】平开门主要是有门框、门扇、亮子和五金零件组成。

16. 屋顶根据屋面材料、结构类型的不同可分为（　　）。
A. 平屋顶 B. 坡屋顶 C. 其他屋顶 D. 露天屋顶 E. 花屋顶

【答案】ABC

【解析】屋顶根据屋面材料、结构类型的不同可分为平屋顶、坡屋顶、其他屋顶。

17. 平屋顶的排水方式有（　　）。
A. 无组织排水 B. 有组织排水 C. 无序排水 D. 两边排水 E. 单边排水

【答案】AB

【解析】平屋顶的排水方式有无组织排水和有组织排水。

18. 平屋顶柔性防水屋面结构层的要求是必须要有足够的（　　）。
A. 强度 B. 刚度 C. 耐久性 D. 安全性 E. 稳定性

【答案】AB

【解析】平屋顶柔性防水屋面结构层的要求是必须要有足够的强度和刚度。

19. 刚性防水屋面檐口形式一般包括（　　）。
A. 自由落水挑檐口   B. 挑檐沟外排水檐口   C. 女儿墙外排水檐口
D. 挑檐沟内排水檐口   E. 女儿墙内排水檐口

【答案】ABC

【解析】刚性防水屋面檐口形式一般包括自由落水挑檐口、挑檐沟外排水檐口和女儿墙外排水檐口。

20. 保温材料一般可以分为三类,包括（　　）。
A. 散料类 B. 整体类 C. 板块类 D. 颗粒类 E. 长条类

【答案】ABC

【解析】保温材料多为轻质多孔、导热系数小的材料,主要包括散料类、整体类、板块类。

21. 变形缝主要包括（　　）。
A. 伸缩缝 B. 沉降缝 C. 防震缝 D. 施工缝 E. 后浇带

【答案】ABC

【解析】变形缝是为防止建筑物在外界因素（温度变化、地基不均匀沉降及地震）作用下产生变形,导致开裂甚至破坏而认为设置的适当宽度的缝隙,包括伸缩缝、沉降缝和防震缝三种类型。

22. 单层厂房当中柱按照其作用分为（　　）。

A. 排架柱 B. 抗风柱 C. 混凝土柱 D. 钢柱 E. 钢筋混凝土柱

【答案】AB

【解析】单层厂房当中柱按照其作用分为排架柱和抗风柱。

23. 屋架按照其形式可以分为（   ）。
A. 三角形 B. 拱形 C. 梯形 D. 折线形 E. 直线形

【答案】ABCD

【解析】屋架按照其形式可以分为三角形、拱形、梯形、折线形等。

第七章 建筑设备的基本知识

一、判断题

1. 一般建筑物内部排水系统由污（废）水受水器、排水管道、通气管和提升设备组成。

【答案】正确

【解析】一般建筑物内部排水系统由污（废）水受水器、排水管道、通气管和提升设备组成。

2. 焊接钢管的直径规格用公称直径"DN"表示。

【答案】正确

【解析】焊接钢管的直径规格用公称直径"DN"表示，单位为毫米。

3. 建筑给水排水系统中主要器具和设备应该有完整的安装使用说明书。

【答案】错误

【解析】建筑给水排水系统中主要器具和设备必须有完整的安装使用说明书。

4. 在建筑给排水管道系统安装质量验收中，室内给水管道的水压试验可以不符合设计要求。

【答案】错误

【解析】在建筑给排水管道系统安装质量验收中，室内给水管道的水压试验必须符合设计要求。

5. 金属管材常用的连接方法有螺纹连接、法兰连接和焊接。

【答案】正确

【解析】金属管材常用的连接方法有螺纹连接、法兰连接和焊接。

6. 发热电缆的外径不宜小于5mm。

【答案】错误

【解析】发热电缆的外径不宜小于6mm。

7. 通风系统按通风系统的作用范围不同可分为局部通风和全面通风。

【答案】正确

【解析】按通风系统的作用范围不同可分为局部通风和全面通风。

8. 防火分区的划分通常在建筑项目评估阶段完成的。

【答案】错误

【解析】防火分区的划分通常在建筑构造设计阶段完成的。

9. 通风与空调风管系统中输送空气温度高于60℃的风管，应按设计规定采取防护措施。

【答案】错误

【解析】通风与空调风管系统中输送空气温度高于80℃的风管，应按设计规定采取防护措施。

10. 导电材料属于建筑电气设备。

【答案】正确

【解析】建筑电气设备主要有：供配电设备、动力设备、照明设备、低压电器设备、楼宇智能化设备、导电材料等。

11. 低压断路器又称为手动空气开关。

【答案】错误

【解析】低压断路开关又称为自动空气开关。

12. 三相电力变压器的主要作用是将低压电能转换为高压电能向建筑物供电。

【答案】错误

【解析】三相电力变压器的主要作用是将高压电能转换为低压电能向建筑物供电。

二、单选题

1. 焊接钢管俗称（　　）。
   A. 水煤气管　B. 无缝钢管　C. 黑钢管　D. 普通钢管

【答案】A

【解析】焊接钢管俗称水煤气管，又称为低压流体输送管或有缝钢管。

2. 将接缝钢管分成普通管、加厚管和薄壁管三种是根据（　　）。
   A. 钢管壁厚度　B. 钢管长度　C. 钢管内径　D. 钢管材质

【答案】A

【解析】按照钢管壁厚度不同，可以将接缝钢管分成普通管、加厚管和薄壁管三种。

3. 热轧管外径有 32~630mm 的各种规格，每根管的长度为（　　）。
   A. 3~12m　B. 4~13m　C. 5~14m　D. 6~15m

【答案】A

【解析】热轧管外径有 32~630mm 的各种规格，每根管的长度为 3~12m。

4. 铝塑管常用的外径等级一共有（　　）。
   A. 10　B. 11　C. 12　D. 13

【答案】B

【解析】铝塑管常用的外径等级为 D14、D16、D20、D25、D32、D40、D50、D63、D75、D90、D110 一共有 11 个等级。

5. 排水铸铁管的抗拉强度不小于（　　）。
   A. 120MPa　B. 130MPa　C. 140MPa　D. 150MPa

【答案】C

【解析】排水铸铁管的抗拉强度不小于 140MPa，其水压试验压力为 1.47MPa。

6. 排水铸铁管的水压试验水压为（　　）。
   A. 1.45MPa　B. 1.46MPa　C. 1.47MPa　D. 1.48MPa

【答案】C

【解析】排水铸铁管的抗拉强度不小于 140MPa，其水压试验压力为 1.47MPa。

7. 用于压力流排水的塑料管，其管材抗变形压力应大于（　　）。
   A. 0.14MPa　B. 0.15MPa　C. 0.16MPa　D. 0.17MPa

【答案】B

【解析】用于压力流排水的塑料管,其管材抗变形压力大于0.15MPa。

8. 卫生器具分为便溺用卫生器具、淋浴用卫生器具、洗涤用卫生器具和专用卫生器具主要是根据（　　）进行分类。

A. 使用功能　B. 结构特点　C. 使用人员　D. 布置位置

【答案】A

【解析】卫生器具按照使用功能进行分类,可以分为便溺用卫生器具、淋浴用卫生器具、洗涤用卫生器具和专用卫生器。

9. 给水及热水供应系统的金属管道立管管卡在楼层高度小于或等于（　　）,每层必须安装一个。

A. 5m　B. 10m　C. 15m　D. 20m

【答案】A

【解析】给水及热水供应系统的金属管道立管管卡在楼层高度小于或等于5m,每层必须安装一个。

10. 给水及热水供应系统的金属管道立管管卡在楼层高度大于5m,每层安装不得小于（　　）。

A. 1个　B. 2个　C. 3个　D. 4个

【答案】B

【解析】给水及热水供应系统的金属管道立管管卡在楼层高度小于或等于5m,每层必须安装一个。

11. 在建筑给排水管道系统安装质量验收中,通水实验的实验方法是（　　）。

A. 观察和开启阀门、水嘴等放水　B. 检查有关部门提供的检测报告
C. 观察或局部解剖检查　D. 尺量检查

【答案】A

【解析】在建筑给排水管道系统安装质量验收中,通水实验的实验方法是观察和开启阀门、水嘴等放水。

12. 在建筑给排水管道系统安装质量验收中,生活给水系统管道在交付使用前应该做的检查是（　　）。

A. 观察和开启阀门、水嘴等放水　B. 检查有关部门提供的检测报告
C. 观察或局部解剖检查　D. 尺量检查

【答案】B

【解析】在建筑给排水管道系统安装质量验收中,生活给水系统管道在交付使用前应该做的:检查有关部门提供的检测报告。

13. 在建筑给排水管道系统安装质量验收中,埋地管道防腐层材质和结构应进行的实验方法是（　　）。

A. 观察和开启阀门、水嘴等放水　B. 检查有关部门提供的检测报告
C. 观察或局部解剖检查　D. 尺量检查

【答案】C

【解析】在建筑给排水管道系统安装质量验收中,埋地管道防腐层材质和结构应进行

的实验方法是观察或局部解剖检查。

14. 在建筑给排水管道系统安装质量验收中,给水引入管和排水管的水平净距的实验方法是( )。
   A. 观察和开启阀门、水嘴等放水   B. 检查有关部门提供的检测报告
   C. 观察或局部解剖检查   D. 尺量检查

【答案】D

【解析】在建筑给排水管道系统安装质量验收中,给水引入管和排水管的水平净距的实验方法是尺量检查。

15. 给水水平管道应有( )的坡度坡向泄水装置。
   A. 1‰~4‰   B. 2‰~5‰   C. 3‰~6‰   D. 4‰~7‰

【答案】B

【解析】给水水平管道应有2‰~5‰的坡度坡向泄水装置。

16. 管道及设备保温层的厚度和平整度的检验方法是( )。
   A. 观察和开启阀门、水嘴等放水   B. 用钢针刺入
   C. 观察或局部解剖检查   D. 尺量检查

【答案】B

【解析】管道及设备保温层的厚度和平整度的检验方法是用钢针刺入。

17. 普通焊接钢管用于输送流体工作压力小于或等于( )的管路。
   A. 0.8MPa   B. 0.9MPa   C. 1.0MPa   D. 1.1MPa

【答案】C

【解析】普通焊接钢管用于输送流体工作压力小于或等于1.0MPa的管路。

18. 加厚焊接钢管用于输送流体工作压力小于或等于( )的管路。
   A. 1.4MPa   B. 1.5MPa   C. 1.6MPa   D. 1.7MPa

【答案】C

【解析】加厚焊接钢管用于输送流体工作压力小于或等于1.6MPa的管路。

19. 无缝钢管适用于城镇室外供热管道,一般直径小于50mm时,选用( )。
   A. 冷拔钢管   B. 冷轧钢管   C. 热轧钢管   D. 冷拉钢管

【答案】A

【解析】无缝钢管适用于城镇室外供热管道,一般直径小于50mm时,选用冷拔钢管,直径大于50mm时,选用热轧钢管。

20. 无缝钢管适用于城镇室外供热管道,一般直径大于50mm时,选用( )。
   A. 冷拔钢管   B. 冷轧钢管   C. 热轧钢管   D. 冷拉钢管

【答案】C

【解析】无缝钢管适用于城镇室外供热管道,一般直径小于50mm时,选用冷拔钢管,直径大于50mm时,选用热轧钢管。

21. 将地面辐射供暖系统分为低温热水地面辐射供暖系统和发热电缆地面辐射供暖系统是按照( )进行分类。
   A. 供暖系统位置   B. 供暖系统热媒   C. 传热方式   D. 发热方式

【答案】B

【解析】地面辐射供暖系统按照供暖系统热媒可以分为低温热水地面辐射供暖系统和发热电缆地面辐射供暖系统。

22. 散热器支管的坡度应为（　　），坡向应有利于排气和泄水。
   A. 1%　B. 2%　C. 3%　D. 4%

【答案】A

【解析】散热器支管的坡度应为1%，坡向应有利于排气和泄水。

23. 供暖系统的相关材料进场时应经（　　）认可，同时形成相应的验收记录。
   A. 项目经理　B. 资料员　C. 监理工程师　D. 技术负责人

【答案】C

【解析】供暖系统节能工程采用的散热设备、阀门、仪表、管材、保温材料等产品进场时，应按设计要求对其类型、材质、规格及外观等进行验收，并应由监理工程师（建设单位代表）检查认可，且应形成相对应的验收记录。

24. 当采暖热媒为（　　）的高温时，管道可拆卸件应使用法兰，不得使用长丝和活接头。
   A. 90~110℃　B. 100~120℃　C. 110~130℃　D. 120~140℃

【答案】C

【解析】当采暖热媒为110~130℃的高温时，管道可拆卸件应使用法兰，不得使用长丝和活接头。

25. 焊接钢管管径大于（　　）的管道转弯，在作为自然补偿时应使用炜弯。
   A. 30mm　B. 32mm　C. 34mm　D. 36mm

【答案】B

【解析】焊接钢管管径大于32mm的管道转弯，在作为自然补偿时应使用炜弯。

26. 加热盘管弯曲部分不得出现应折弯现象，塑料管曲率半径不应小于管道外径的（　　）。
   A. 3倍　B. 5倍　C. 8倍　D. 10倍

【答案】C

【解析】加热盘管弯曲部分不得出现应折弯现象，曲率半径应该符合系列规定，塑料管：不应小于管道外径的8倍。复合管：不应小于管道外径的5倍。

27. 加热盘管弯曲部分不得出现应折弯现象，复合管曲率半径不应小于管道外径（　　）。
   A. 3倍　B. 5倍　C. 8倍　D. 10倍

【答案】B

【解析】加热盘管弯曲部分不得出现应折弯现象，曲率半径应该符合系列规定，塑料管：不应小于管道外径的8倍。复合管：不应小于管道外径的5倍。

28. 在垫料当中，橡胶板、石棉橡胶板、石棉绳等厚度一般为（　　）。
   A. 3~6mm　B. 4~7mm　C. 5~8mm　D. 6~9mm

【答案】C

【解析】法兰垫料应为不招尘、不易老化和具有一定强度和弹性的材料，厚度为5~8mm的垫料有橡胶板、石棉橡胶板、石棉绳、软聚氯乙烯板等。

29. 高度在（　　）以上的建筑物由于人员疏散比较困难，因此应设有避难层和避难间，对其应设置防烟设施。

A. 90m   B. 100m   C. 110m   D. 120m

【答案】B

【解析】高度在100m以上的建筑物由于人员疏散比较困难，因此应设有避难层和避难间，对其应设置防烟设施。

30. 薄钢板法兰形式风管的连接，弹性插条、弹簧或紧固螺栓的间隔不应大于（ ），且分布均匀，无松动迹象。

A. 100mm   B. 150mm   C. 200mm   D. 250mm

【答案】B

【解析】薄钢板法兰形式风管的连接，弹性插条、弹簧或紧固螺栓的间隔不应大于150mm，且分布均匀，无松动迹象。

31. 真空吸尘系统三角的夹角不得大于（ ），四通制作应采用两个斜三通的做法。

A. 40℃   B. 45℃   C. 50℃   D. 55℃

【答案】B

【解析】真空吸尘系统三角的夹角不得大于45℃，四通制作应采用两个斜三通的做法。

32. 风管法兰绝热层的厚度，不应低于风管绝热层厚度的（ ）。

A. 60%   B. 70%   C. 80%   D. 90%

【答案】C

【解析】风管法兰绝热层的厚度，不应低于风管绝热层厚度的80%。

33. 裸导线的文字符号标注中铜用字母（ ）表示。

A. F   B. T   C. L   D. G

【答案】B

【解析】裸导线的文字符号标注为：铜、铝、钢分别用字母T、L、G表示，导线的截面积用数字表示。

34. 裸导线的文字符号标注中铝用字母（ ）表示。

A. F   B. T   C. L   D. G

【答案】C

【解析】裸导线的文字符号标注为：铜、铝、钢分别用字母T、L、G表示，导线的截面积用数字表示。

35. 裸导线的文字符号标注中钢用字母（ ）表示。

A. F   B. T   C. L   D. G

【答案】D

【解析】裸导线的文字符号标注为：铜、铝、钢分别用字母T、L、G表示，导线的截面积用数字表示。

36. 电缆引入建筑时，所穿保护管应超出建筑物散水（ ）。

A. 80mm   B. 90mm   C. 100mm   D. 110mm

【答案】C

【解析】电缆引入建筑时，所穿保护管应超出建筑物散水100mm。

37. 避雷针一般高出屋面（　　）。
   A. 80~120mm　B. 90~140mm　C. 100~150mm　D. 110~160mm

【答案】C

【解析】避雷针一般高出屋面100~150mm，支持卡间距1~1.5m，两根平行的避雷带之间距离应在10m之内。

38. 电流对人体的伤害主要包括（　　）。
   A. 电击和电伤　B. 触电和电击　C. 触电和电伤　D. 触电和麻痹

【答案】A

【解析】电流对人体的伤害主要包括电击和电伤。

39. CATV系统又称为（　　）。
   A. 共用天线电视接收系统　B. 监控电视接收系统
   C. 中央电视接收系统　D. 有线电视接收系统

【答案】A

【解析】共用天线电视接收系统也称为CATV系统或电缆电视系统。

三、多选题

1. 根据所排污（废）水的性质，室内排水系统可以分为（　　）。
   A. 生活污水排水系统　B. 生产污（废）水排水系统
   C. 雨（雪）水排水系统　D. 饮用水排水系统
   E. 处理水排水系统

【答案】ABC

【解析】根据所排污（废）水的性质，室内排水系统可以分为生活污水排水系统、生产污（废）水排水系统、雨（雪）水排水系统。

2. 无缝钢管按照制造方式可以分为（　　）。
   A. 热轧　B. 冷轧　C. 热拉　D. 冷拉　E. 冷压

【答案】AB

【解析】无缝钢管按照制造方式可以分为热轧和冷轧。

3. 水箱在建筑给水系统当中的作用是（　　）。
   A. 增压　B. 稳压　C. 减压　D. 蓄水　E. 排水

【答案】ABCD

【解析】蓄水设备一般指的是水箱，主要的功能包括稳压、增压、减压以及蓄水。

4. 卫生器具按照使用进行分类，可以分为（　　）。
   A. 便溺用卫生器具　B. 淋浴用卫生器具
   C. 洗涤用卫生器具　D. 专用卫生器　E. 排水卫生器具

【答案】ABCD

【解析】卫生器具按照使用进行分类，可以分为便溺用卫生器具、淋浴用卫生器具、洗涤用卫生器具和专用卫生器。

5. 供暖系统主要组成由（　　）。
   A. 热源　B. 供暖管道　C. 散热设备　D. 加热设备　E 热量收集装置

【答案】ABC

【解析】供暖系统主要由热源（如锅炉）、供暖管道（室内外供暖管道）和散热设备（各种热器、辐射板、暖风机）三部分组成。

6. 供暖系统按照使用热源介质的种类的不同主要分为（　　）。
   A. 热水供暖系统　　B. 蒸汽供暖系统　　C. 热风供暖系统
   D. 煤炭供暖系统　　E. 电力供暖系统

【答案】ABC

【解析】供暖系统按照使用热源介质的种类的不同主要分为热水供暖系统、蒸汽供暖系统、热风供暖系统。

7. 散热器的组对材料有（　　）。
   A. 对丝　　B. 汽包垫片　　C. 丝堵　　D. 补芯　　E. 反丝

【答案】ABCD

【解析】散热器的组对材料有对丝、汽包垫片、丝堵、补芯。

8. 低温热水地面辐射供暖系统材料包括（　　）。
   A. 热管　　B. 分水器　　C. 集水器　　D. 连接管件　　E. 冷热线接头

【答案】ABCDE

【解析】低温热水地面辐射供暖系统材料包括热管、分水器、集水器、连接管件、冷热线接头组成。

9. 通风系统按照通风系统的工作动力不同，可将其分为（　　）。
   A. 自然通风　　B. 机械通风　　C. 局部通风　　D. 全面通风　　E. 四周通风

【答案】AB

【解析】通风系统：按通风系统作用的范围不同可分为局部通风系统和全面通风系统；按通风系统的工作动力不同可分为自然通风系统和机械通风系统两种。

10. 空调系统按照处理设备设置的情况不同，可将其分为（　　）。
    A. 集中式空调　　B. 分散式空调　　C. 半集中式空调
    D. 集合式空调　　E. 半集合式空调

【答案】ABC

【解析】空调系统：空调系统按照处理设备设置的情况不同，可将其分为集中式空调、分散式空调、半集中式空调。

11. 在常用的风管材料中，冷轧钢板一般型号为（　　）。
    A. Q195　　B. Q215　　C. Q235　　D. Q325　　E. Q425

【答案】ABC

【解析】在常用的风管材料中，冷轧钢板一般型号为Q195、Q215、Q235，有板材和卷材，常用的厚度为0.5~2mm。

12. 防火排烟的阀门种类很多，根据功能主要可以分为（　　）。
    A. 防火阀　　B. 正压送风口　　C. 排烟阀　　D. 排烟口　　E. 接风口

【答案】ABC

【解析】防火排烟的阀门种类很多，根据功能主要可以分为防火阀、正压送风口、排烟阀三种。

13. 常用的低压熔断器有（ ）。
A. RC1A 系列瓷插式　B. RL1 系列螺旋式　C. RM 系列无填料封闭管式
D. 快速熔断器　　　　E. 自复式熔断器

【答案】ABCDE

【解析】常用的低压熔断器有 RC1A 系列瓷插式、RL1 系列螺旋式、RM 系列无填料封闭管式、RTO 系列有填料封闭管式、快速熔断器、自复式熔断器。

14. 建筑电气系统主要有（ ）。
A. 建筑供配电系统　B. 建筑照明电气系统　C. 动力及控制系统
D. 智能建筑系统　　E. 门窗系统

【答案】ABCD

【解析】建筑电气系统主要有建筑供配电系统、建筑照明电气系统、动力及控制系统、智能建筑系统。

15. 照明配电箱根据安装的方式不同，可以分为（ ）。
A. 明装式　B. 嵌入式　C. 组装式　D. 预配式　E. 连接式

【答案】AB

【解析】照明配电箱根据安装的方式不同，可以分为明装式和嵌入式。

16. 火灾报警控制器一般分为（ ）。
A. 区域报警控制器　B. 集中报警控制器　C. 分散报警控制器
D. 通用报警控制器　E. 局部报警控制器

【答案】ABD

【解析】火灾报警控制器一般分为区域报警控制器、集中报警控制器和通用报警控制器三种。

第八章 工程预算的基本知识

一、判断题

1. 标底、标价的编制方法和施工图预算的编制方法不同。

【答案】错误

【解析】标底、标价的编制方法和施工图预算的编制方法相同。

2. 工会经费是指企业按职工工资总额计提的工会费用。

【答案】正确

【解析】工会经费是指企业按职工工资总额计提的工会费用。

3. 建筑工程一般以直接费为计算基础进行计价。

【答案】正确

【解析】建筑工程一般以直接费为计算基础进行计价。

4. 市政工程费用计价方法与建筑工程计价方法是相同的。

【答案】正确

【解析】市政工程费用计价方法与建筑工程计价方法是相同的。区别就在于市政工程费用计价时使用的是市政工程定额和市政工程工程量计算规则。

5. 《计价规范》规定，凡是由资金投资的建设工程发承包，必须采用工程清单计价。

【答案】正确

【解析】《计价规范》规定，凡国有资金投资的建设工程发承包，必须采用工程清单计价。非国有资金投资的建设工程宜采用工程量清单计价。

6 竣工结算编制的基本方法是：竣工结算价等于合同价。

【答案】错误

【解析】竣工结算编制的基本方法是：竣工结算价＝合同价＋调整价。

7. 竣工结算是竣工报告的主要组成部分，也是工程建设程序的最后一环。

【答案】正确

【解析】竣工结算是竣工报告的主要组成部分，也是工程建设程序的最后一环，竣工决算由建设单位编制。

二、单选题

1. 投资估算是在工程项目的（　　）进行的。
A. 立项阶段　B. 设计阶段　C. 施工阶段　D. 验收阶段

【答案】A

【解析】投资估算是在工程项目的立项阶段进行的。

2. 设计概预算的由（　　）编制。
A. 建设单位　B. 施工单位　C. 设计单位　D. 建立单位

【答案】C

【解析】设计概预算是指建设项目在设计阶段由设计单位根据设计图纸、概算定额或概算指标、各项费用定额等资料,预先计算和确定建设项目从筹建到竣工验收、交付使用的全部建设费用文件。

3. 《计价规范》规定:工程量清单应该采用( )。
A. 综合单价计价 B. 工料单价计价 C. 两种都行 D. 两种都不行

【答案】A

【解析】《计价规范》规定:工程量清单应该采用综合单价计价。

4. 施工预算是在( )编制的。
A. 项目评估阶段 B. 项目设计阶段 C. 项目施工阶段 D. 项目验收阶段

【答案】C

【解析】施工预算是在项目施工阶段编制的。

5. 施工预算的编制单位是( )。
A. 建设单位 B. 施工单位 C. 设计单位 D. 监理单位

【答案】B

【解析】施工预算是指在施工阶段,在施工图预算的控制下,施工单位项目部根据施工图计算的分部分项工程量、施工定额、单位工程施工组织计划、工程项目预定的目标利润等资料,通过工料分析,计算完成一个单位工程中的分部分项工程所需的人工、材料、机械台班消耗量及相应费用的经济文件,是用来确定施工成本计划目标值的依据。

6. 竣工预算的编制单位是( )。
A. 建设单位 B. 施工单位 C. 设计单位 D. 监理单位

【答案】A

【解析】竣工结算是竣工报告的主要组成部分,也是工程建设程序的最后一环,竣工决算由建设单位编制。

三、多选题

1. 直接工程费包括( )。
A. 人工费 B. 材料费 C. 施工机械使用费 D. 场地费 E. 运输费

【答案】ABC

【解析】直接工程费是指施工过程中构成工程实体所耗费的各项费用,包括人工费、材料费、施工机械使用费用。

2. 根据《建筑工程施工发包与承包计价管理办法》中的规定,发包和承包的计算方法分为( )。
A. 工料单价 B. 综合单价 C. 材料单价 D. 单品单价 E. 局部单价

【答案】AB

【解析】根据《建筑工程施工发包与承包计价管理办法》中的规定,发包和承包的计算方法分为工料单价和综合单价。

3. 工料单价法当中,计算程序主要分为( )。
A. 直接费 B. 人工费+机械费 C. 人工费
D. 直接费+人工费 E. 直接费+机械费

【答案】ABC

【解析】工料单价法当中,计算程序主要分为直接费、人工费+机械费、人工费位计算基础。

4. 一个建设工程项目的工程量清单有五个部分组成,分别是(   )。
   A. 分部分项工程量清单   B. 措施项目清单   C. 其他项目清单
   D. 规费项目清单   E. 税金项目清单

【答案】ABCDE

【解析】一个建设工程项目的工程量清单有五个部分组成,分别是分部分项工程量清单、措施项目清单、其他项目清单、规费项目清单、税金项目清单。

第九章 掌握计算机和相关资料管理软件的应用知识

一、判断题

1. 计算机系统由硬件系统和软件系统两部分组成。

【答案】正确

【解析】计算机系统由硬件系统和软件系统两部分组成。

2. 在 Excel 中有【选择性粘贴】选项。

【答案】正确

【解析】【选择性粘贴】是 Excel 强大的功能之一。

3. 工程资料管理软件可以很好地提高建设单位、监理单位、施工单位的工作效率。

【答案】正确

【解析】工程资料管理软件可以很好地提高建设单位、监理单位、施工单位的工作效率。

4. 自定义表格定义完成后，必须保存为表样。

【答案】正确

【解析】自定义表格定义完成之后，必须保存为表样，用户也可以删除已经存在的自定义表样。

5. 组卷就是按照资料类别和对组卷的要求，将各个表格保存到指定路径。

【答案】正确

【解析】组卷就是按照资料类别和对组卷的要求，将各个表格保存到指定路径。

二、单选题

1. 主板的另外一个名称是（　　）。
A. 运算器　B. 控制器　C. 存储器　D. 主机板

【答案】D

【解析】主板又叫作主机板。

2. CPU 指的是（　　）。
A. 运算器　B. 控制器　C. 中央处理器　D. 主机板

【答案】D

【解析】CPU 指的是中央处理器，是计算机的核心设备。

3.【目录】在（　　）选项卡下面。
A. 开始　B. 插入　C. 引用　D. 视图

【答案】C

【解析】【目录】在【引用】选项卡下面。

4. Excel 中的求和函数是（　　）。
A. SUM　B. NOW　C. RAND　D. SQRT

【答案】A

【解析】Excel 中的求和函数是 SUM。

5. PowerPoint 中的骨架性组成部分是（　　）。
   A. 模板　B. 元素　C. 图片　D. 动画

【答案】A

【解析】模板是 PowerPoint 中的骨架性组成部分。

6. 建设单位组卷资料记录文件的扩展名是（　　）。
   A. ·表　B. ·格　C. ·文　D. ·表

【答案】A

【解析】建设单位组卷资料记录文件的扩展名是·表。

7. 文件加密当中【加密文件】在菜单（　　）下。
   A. 文件　B. 插入　C. 引用　D. 开始

【答案】A

【解析】【文件】菜单下点击【加密文件】可进行文件加密。

三、多选题

1. 计算机硬件系统主要包括（　　）。
   A. 运算器　B. 控制器　C. 存储器　D. 输入设备　E. 输出设备

【答案】ABCDE

【解析】计算机硬件系统主要包括运算器、控制器、存储器、输入设备、输出设备。

2. 存储容量是硬盘主要的指标，常用的单位是（　　）。
   A. MB　B. GB　C. KT　D. MT　E. AB

【答案】AB

【解析】存储容量是硬盘主要的指标，常用的单位是 MB 和 GB。

3. 计算机系统软件主要包括（　　）。
   A. 操作系统　B. 语言处理程序　C. 数据库管理系统　D. 程序库　E. 软件包

【答案】ABC

【解析】计算机系统软件主要包括操作系统、语言处理程序、数据库管理系统。

4. 在工程资料管理软件中，必备的通用功能包括（　　）。
   A. 新建　B. 保存　C. 删除　D. 导入　E. 导出

【答案】ABCDE

【解析】在工程资料管理软件中，必备的通用功能包括新建、保存、删除、导入、导出。

5. 为了有效地保证计算机系统的安全，可以采取的措施是（　　）。
   A. 数据备份　　B. 安装系统补丁　C. 安装杀毒软件
   D. 随意安装软件　E. 接入设备乱用

【答案】ABC

【解析】通过数据备份、安装系统补丁、安装杀毒软件，可以有效地保证计算机系统的安全。

第十章 文秘与公文写作基本知识

一、判断题

1. 文件资料的处理就是指文件资料在单位内部依次运转处理的一系列工作步骤。

【答案】正确

【解析】文件资料的处理就是指文件资料在单位内部依次运转处理的一系列工作步骤。

二、单选题

1. 简报、大事记属于（　　）。
A. 简报类文书　B. 会议类文书　C. 报告类文书　D. 规章类文书

【答案】A

【解析】简报类文书是记录性文书。这类文书包括简报、大事记。

2. 述职报告、调查报告属于（　　）。
A. 简报类文书　B. 会议类文书　C. 报告类文书　D. 规章类文书

【答案】C

【解析】报告类文书是反映工作状况和经验，对工作存在的问题或具有普遍意义的重要情况进行分析研究的文书。主要包括总结、述职报告、调查报告等。

3. 讲话稿、开幕词属于（　　）。
A. 简报类文书　B. 会议类文书　C. 报告类文书　D. 规章类文书

【答案】B

【解析】会议类文书是用于记录或收录会议情况和资料的文书。这类文书包括会议计划、会议安排、会议记录、讲话稿、开幕词、闭幕词。

三、多选题

1. 企业常用文书写作中，文书式计划从拟写的格式来看，主要分为（　　）。
A. 文书式　B. 表格式　C. 文书表格结合式　D. 图表式　E. 图表表格结合式

【答案】ABC

【解析】从拟写的格式来看，计划主要分为文书式、表格式、文书表格结合式。

2. 接听与拨打电话的原则和基本要求包括（　　）。
A. 表达规范、正确　B. 礼貌热情、语气清晰和婉　C. 简洁　D. 保密　E. 注意时间

【答案】ABCDE

【解析】接听与拨打电话的原则和基本要求包括（1）表达规范、正确；（2）礼貌热情、语气清晰和婉；（3）简洁；（4）保密；（5）注意时间。

资料员通用与基础知识试卷

一、判断题（共20题，每题1分）

1. 省、自治区、直辖市以及省会城市、自治区首府、地级市均有立法权。

【答案】（　　）

2. 甲建筑施工企业的企业资质为二级，近期内将完成一级的资质评定工作，为了能够承揽正在进行招标的建筑面积20万㎡的住宅小区建设工程，甲向有合作关系的一级建筑施工企业借用资质证书完成了该建设工程的投标，甲企业在工程中标后取得一级建筑施工企业资质，则甲企业对该工程的中标是有效的。

【答案】（　　）

3. 通常将水泥、矿物掺合料、粗细骨料、水和外加剂按一定的比例配制而成的、干表观密度为2000~3000kg/m³的混凝土称为普通混凝土。

【答案】（　　）

4. 烧结普通砖的标准尺寸是240mm×115mm×53mm。

【答案】（　　）

5. 房屋建筑施工图是工程设计阶段的最终成果，同时又是工程施工、监理和计算工程造价的主要依据。

【答案】（　　）

6. 建筑平面图中凡是被剖切到的墙、柱断面轮廓线用粗实线画出，其余可见的轮廓线用中实线或细实线，尺寸标注和标高符号均用细实线，定位轴线用细点长画线绘制。

【答案】（　　）

7. 坚石和特坚石的现场鉴别方法都可以是用爆破方法。

【答案】（　　）

8. 钢筋作不大于90°的弯折时，弯折处的弯弧内直径不应小于钢筋直径的5倍。

【答案】（　　）

9. 项目管理是指项目管理者为达到项目的目标，运用系统理论和方法对项目进行的策划、组织、控制、协调等活动过程的总称。

【答案】（　　）

10. 在工程开工前，由项目经理组织编制施工项目管理实施规划，对施工项目管理从开工到交工验收进行全面的指导性规划。

【答案】（　　）

11. 建筑物耐久性的指标是设计使用年限。

【答案】（　　）

12. 楼板是房屋主要的水平承重构件和水平支撑构件。

【答案】（　　）

13. 焊接钢管的直径规格用公称直径"DN"表示。

14. 风管的安装只有吊装部分。

【答案】（　　）

15. 工会经费是指企业按职工工资总额计提的工会费用。

【答案】（　　）

16. 计算机系统由硬件系统和软件系统两部分组成。

【答案】（　　）

17. 在 Excel 中有【选择性粘贴】选项。

【答案】（　　）

18. 工程资料管理软件可以很好的提高建设单位、监理单位、施工单位的工作效率。

【答案】（　　）

19. 自定义表格定义完成后，必须保存为表样。

【答案】（　　）

20. 文件资料的处理就是指文件资料在单位内部依次运转处理的一系列工作步骤。

【答案】（　　）

二、单选题（共 40 题，每题 1 分）

1. 以下法规属于建设行政法规的是（　　）。
   A. 《工程建设项目施工招标投标办法》
   B. 《中华人民共和国城乡规划法》
   C. 《建设工程安全生产管理条例》
   D. 《实施工程建设强制性标准监督规定》

【答案】（　　）

2. 按照《建筑业企业资质管理规定》，建筑业企业资质分为（　　）三个序列。
   A. 特级、一级、二级　　B. 一级、二级、三级
   C. 甲级、乙级、丙级　　D. 施工总承包、专业承包和施工劳务

【答案】（　　）

3. 建筑工程属于（　　）资质序列。
   A. 施工总承包　　B. 专业承包
   C. 施工劳务　　D. 市政工程总承包

【答案】（　　）

4. 《中华人民共和国安全生产法》主要对生产经营单位的安全生产保障、（　　）、安全生产的监督管理、生产安全事故的应急救援与调查处理四个主要方面做出了规定。
   A. 生产经营单位的法律责任　　B. 安全生产的执行
   C. 从业人员的权利和义务　　D. 施工现场的安全

【答案】（　　）

5. 甲公司投标承包了一栋高档写字楼工程的施工总承包业务，经业主方认可将其中的专业工程分包给了具有相应资质等级的乙公司，工程施工中因乙公司分包的工程发生了质量事故给业主造成了 10 万元的损失而产生了赔偿责任。对此，正确的处理方式应当是

（　　）。

　　A. 业主方只能要求乙赔偿

　　B. 甲不能拒绝业主方的 10 万元赔偿要求，但赔偿后可按分包合同的约定向乙追赔

　　C. 如果业主方要求甲赔偿，甲能以乙是业主认可的分包商为由而拒绝

　　D. 乙可以拒绝甲的追赔要求

【答案】（　　）

6. 采用欺诈、威胁等手段订立的劳动合同为（　　）劳动合同。

　　A. 有效　　B. 无效　　C. 可变更　　D. 可撤销

【答案】（　　）

7. 建筑材料按化学成分分类方法中，下列哪项是不合适的（　　）。

　　A. 无机材料　　B. 高分子合成材料　　C. 复合材料　　D. 有机材料

【答案】（　　）

8. 下列关于普通混凝土的分类方法中错误的是（　　）。

　　A. 按用途分为结构混凝土、抗渗混凝土、抗冻混凝土、大体积混凝土、水工混凝土、耐热混凝土、耐酸混凝土、装饰混凝土等

　　B. 按强度等级分为普通强度混凝土、高强混凝土、超高强混凝土

　　C. 按强度等级分为低强度混凝土、普通强度混凝土、高强混凝土、超高强混凝土

　　D. 按施工工艺分为喷射混凝土、泵送混凝土、碾压混凝土、压力灌浆混凝土、离心混凝土、真空脱水混凝土

【答案】（　　）

9. 高层建筑指的是总高度超过（　　）。

　　A. 24m　　B. 26m　　C. 28m　　D. 32m

【答案】（　　）

10. 下列关于房屋建筑施工图的编排顺序的基本规定的说法中，错误的是（　　）。

　　A. 全局性的在前，局部性的在后

　　B. 先施工的在前，后施工的在后

　　C. 对于结构施工图，一般是图纸目录、结构设计说明、总平面图、结构平面图、结构立面图、各编号剖面图、构件详图

　　D. 对于设备施工图，一般是图纸目录、设计说明、平面图、剖面图、系统图、详图

【答案】（　　）

11. 下列关于建筑总平面图图示内容的说法中，正确的是（　　）。

　　A. 新建建筑物的定位一般采用两种方法，一是按原有建筑物或原有道路定位；二是按坐标定位

　　B. 在总平面图中，标高以米为单位，并保留至小数点后三位

　　C. 新建房屋所在地区风向情况的示意图即为风玫瑰图，风玫瑰图不可用于表明房屋和地物的朝向情况

　　D. 临时建筑物在设计和施工中可以超过建筑红线

【答案】（　　）

12. 标准规格，A0 幅面的图纸尺寸是（　　）。

A. 841mm×1189mm B. 594mm×841mm
C. 420mm×594mm D. 297mm×420mm

【答案】（ ）

13. 下图为某钢筋混凝土梁配筋图（部分），其中②号钢筋为（ ）。

A. 1根直径14mmHRB335钢筋 B. 1根直径14mmHRB400钢筋
C. 1根直径14mmHRB500钢筋 D. 1根直径14mmHPB300钢筋

【答案】（ ）

14. 伸缩缝的宽度一般为（ ）。
A. 10～30mm B. 20～40mm C. 25mm D. 30mm

【答案】（ ）

15. 门主要用作内外交通联系及分隔作用，有时也兼有（ ）的作用。
A. 通风 B. 疏通 C. 隔断 D. 隔声

【答案】（ ）

16. 与梁的接触处待加气砖砌完（ ）星期后采用灰砂砖斜砌顶紧。
A. 1 B. 2 C. 3 D. 4

【答案】（ ）

17. 下列选项中关于施工项目管理的特点说法有误的是（ ）。
A. 对象是施工项目   B. 主体是建设单位
C. 内容是按阶段变化的   D. 要求强化组织协调工作

【答案】（ ）

18. 施工项目目标控制包括：施工项目进度控制、施工项目质量控制、（ ）、施工项目安全控制四个方面。
A. 施工项目管理控制 B. 施工项目成本控制
C. 施工项目人力控制 D. 施工项目物资控制

【答案】（ ）

19. 以下不属于施工资源管理任务的是（ ）。
A. 确定资源类型及数量 B. 设计施工现场平面图

C. 编制资源进度计划   D. 施工资源进度计划的执行和动态调整

【答案】(   )

20. 以下关于施工项目目标控制的表述，错误的是(   )。

A. 施工项目目标控制问题的要素包括施工项目、控制目标、控制主体、实施计划、实施信息、偏差数据、纠偏措施、纠偏行为

B. 施工项目控制的目的是排除干扰、实现合同目标

C. 施工项目目标控制是实现施工目标的手段

D. 施工项目目标控制包括进度控制、质量控制和成本控制三个方面

【答案】(   )

21. 建筑物的主要承重构件为梁、柱、板及楼梯等用钢筋混凝土，而非承重墙用空心砖或其他轻质砖块指的是(   )。

A. 砖木结构   B. 钢结构   C. 混合结构   D. 钢筋混凝土结构

【答案】(   )

22. 无缝钢管适用于城镇室外供热管道，一般直径小于50mm时，选用(   )。

A. 冷拔钢管   B. 冷轧钢管   C. 热轧钢管   D. 冷拉钢管

【答案】(   )

23. 电流对人体的伤害主要包括(   )。

A. 电击和电伤   B. 触电和电击   C. 触电和电伤   D. 触电和麻痹

【答案】(   )

24. 设计概预算的由(   )编制。

A. 建设单位   B. 施工单位   C. 设计单位   D. 建立单位

【答案】(   )

25. 竣工预算的编制单位是(   )。

A. 建设单位   B. 施工单位   C. 设计单位   D. 监理单位

【答案】(   )

26. 给水及热水供应系统的金属管道立管管卡在楼层高度小于或等于(   )，每层必须安装一个。

A. 5m   B. 10m   C. 15m   D. 20m

【答案】(   )

27. 主板的另外一个名称是(   )。

A. 运算器   B. 控制器   C. 存储器   D. 主机板

【答案】(   )

28. 【目录】在(   )选项卡下面。

A. 开始   B. 插入   C. 引用   D. 视图

【答案】(   )

29. 建设单位组卷资料记录文件的扩展名是(   )。

A. ·表   B. ·格   C. ··文   D. ··表

【答案】(   )

30. PowerPoint中的骨架性组成部分是(   )。

A. 模板　B. 元素　C. 图片　D. 动画

【答案】（　　）

31. 电缆引入建筑时，所穿保护管应超出建筑物散水（　　）。
A. 80mm　B. 90mm　C. 100mm　D. 110mm

【答案】（　　）

32. 在柱底面与杯底之间还应预留（　　）的缝隙，用高强度细石混凝土找平。
A. 40mm　B. 50mm　C. 60mm　D. 70mm

【答案】（　　）

33. 一砖墙对应的构造尺寸为（　　）。
A. 115mm　B. 178mm　C. 240mm　D. 365mm

【答案】（　　）

34. 散水一般是在建筑物外墙四周地面做成（　　）的倾斜坡面。
A. 1%~3%　B. 2%~4%　C. 3%~5%　D. 4%~6%

【答案】（　　）

35. 平屋顶刚性防水屋面檐口中防水层应挑出屋面至少（　　）。
A. 40mm　B. 50mm　C. 60mm　D. 70mm

【答案】（　　）

36. 将接缝钢管分成普通管、加厚管和薄壁管三种是根据（　　）。
A. 钢管壁厚度　B. 钢管长度　C. 钢管内径　D. 钢管材质

【答案】（　　）

37. 文件加密当中【加密文件】在菜单（　　）下。
A. 文件　B. 插入　C. 引用　D. 开始

【答案】（　　）

38. CPU指的是（　　）。
A. 运算器　B. 控制器　C. 中央处理器　D. 主机板

【答案】（　　）

39. Excel中的求和函数是（　　）。
A. SUM　B. NOW　C. RAND　D. SQRT

【答案】（　　）

40. 简报、大事记属于（　　）。
A. 简报类文书　B. 会议类文书　C. 报告类文书　D. 规章类文书

【答案】（　　）

三、多选题（共20题，每题2分，选错项不得分，选不全得1份）

1. 我国建设法规体系由以下哪些层次组成？
A. 建设行政法规　B. 地方性建设法规
C. 建设部门规章　D. 建设法律　　　　E. 地方建设规章

【答案】（　　）

2. 建筑工程施工合同具有下列情形之一的，认定无效（　　）。

A. 承包人未取得建筑施工企业资质或超越资质等级的
B. 没有资质的实际施工人借用有资质的建筑施工企业名义的
C. 建设工程必须进行招标而未招标或中标无效的
D. 联合承包
E. 分包

【答案】(　　)

3.《建筑法》规定(　　)。
A. 承包企业应当持有依法取得的资质证书
B. 应在其资质等级许可的业务范围内承揽工程
C. 禁止超越本企业资质等级许可的业务范围承揽工程
D. 禁止其他单位或个人以本企业名义承揽工程
E. 建筑工程安全生产管理必须坚持安全第一、预防为主的方针

【答案】(　　)

4. 按照建筑物的使用功能进行分类,主要可以分为(　　)。
A. 民用建筑　B. 农业建筑　C. 园林建筑　D. 工业建筑　E. 居住建筑

【答案】(　　)

5. 散水的面层可以是(　　)。
A. 水泥砂浆　B. 混凝土　C. 砖　D. 石块　E. 泥土

【答案】(　　)

6. 下图为某办公楼底层照明平面图(局部),表示(　　)。

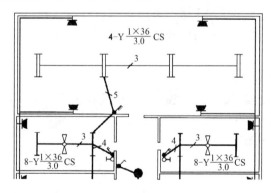

A. 该房间有4组荧光灯　　B. 每组荧光灯由一根36W灯管组成
C. 吸顶安装　　　　　　　D. 安装高度3.0m
E. 吊链吊装

【答案】(　　)

7. 除污器的型式主要有(　　)。
A. 立式直通　B. 卧式直通　C. 卧式角通　D. 立式角通　E. 蹲式直通

【答案】(　　)

8. 下列各项中,属于钢筋加工的是(　　)。
A. 钢筋除锈　B. 钢筋调直　C. 钢筋切断

D. 钢筋冷拉   E. 钢筋弯曲成型

【答案】(   )

9. 施工项目具有以下特征（   ）。
A. 施工项目是建设项目或其中单项工程、单位工程的施工活动过程
B. 承接的工程是房屋建筑工程施工
C. 建筑产品具有多样性、固定性、体积较大的特点
D. 建筑企业是施工项目的管理主体
E. 施工项目的任务范围是由施工合同界定的

【答案】(   )

10. 下列关于施工项目目标控制的措施说法错误的是（   ）。
A. 建立完善的工程统计管理体系和统计制度属于信息管理措施
B. 主要有组织措施、技术措施、合同措施、经济措施和管理措施
C. 落实施工方案，在发生问题时，能适时调整工作之间的逻辑关系，加快实施进度属于技术措施
D. 签订并实施关于工期和进度的经济承包责任制属于合同措施
E. 落实各级进度控制的人员及其具体任务和工作责任属于组织措施

【答案】(   )

11. 按照基础的材料和受力特点分类，主要可以分为（   ）。
A. 深基础   B. 浅基础   C. 刚性基础   D. 柔性基础   E. 中性基础

【答案】(   )

12. 按照材料的不同，楼梯可分为（   ）。
A. 钢筋混凝土楼梯   B. 钢楼梯   C. 木楼梯   D. 组合楼梯   E. 现浇楼梯

【答案】(   )

13. 建筑电气系统主要有（   ）。
A. 建筑供配电系统   B. 建筑照明电气系统   C. 动力及控制系统
D. 智能建筑系统   E. 门窗系统

【答案】(   )

14. 广播音响系统一般分为（   ）。
A. 业务性广播系统   B. 服务性广播系统   C. 火灾事故广播系统
D. 学习性广播系统   E. 通知性广播系统

【答案】(   )

15. 常用的低压熔断器有（   ）。
A. RC1A 系列瓷插式   B. RL1 系列螺旋式   C. RM 系列无填料封闭管式
D. 快速熔断器   E. 自复式熔断器

【答案】(   )

16. 通风系统按照通风系统的作用范围不同，可将其分为（   ）。
A. 自然通风   B. 机械通风   C. 局部通风   D. 全面通风   E. 四周通风

【答案】(   )

17. 下列关于毛石砌体和砌块砌体施工工艺的基本规定中有误的是（   ）。

A. 毛石墙砌筑时,墙角部分纵横宽度至少0.8m

B. 对于中间毛石砌筑的料石挡土墙,丁砌料石应深入中间毛石部分的长度不应小于200mm

C. 毛石墙必须设置拉结石,拉结石应均匀分布,相互错开,一般每0.5㎡墙面至少设置一块,且同皮内的中距不大于2m

D. 砌块砌体施工工艺流程为:基层处理→测量墙中线→弹墙边线→砌底部实心砖→立皮数杆→拉准线、铺灰、依准线砌筑→埋墙拉筋→梁下、墙顶斜砖砌筑

E. 砌块砌体的埋墙拉筋应与钢筋混凝土柱(墙)的连接,采取在混凝土柱(墙)上打入2ϕ6@1000的膨胀螺栓

【答案】(　　)

18. 计算机系统软件主要包括(　　)。

A. 操作系统　B. 语言处理程序　C. 数据库管理系统　D. 程序库　E. 软件包

【答案】(　　)

19. 在工程资料管理软件中,必备的通用功能包括(　　)。

A. 新建　B. 保存　C. 删除　D. 导入　E. 导出

【答案】(　　)

20. 接听与拨打电话的原则和基本要求包括(　　)。

A. 表达规范、正确　B. 礼貌热情、语气清晰和婉　C. 简洁

D. 保密　　　　　　E. 注意时间

【答案】(　　)

资料员通用与基础知识试卷答案与解析

一、判断题（共20题，每题1分）

1. 错误

【解析】县、乡级没有立法权。省、自治区、直辖市以及省会城市、自治区首府有立法权。而地级市中只有国务院批准的规模较大的市有立法权，其他地级市没有立法权。

2. 错误

【解析】《建设法》规定：禁止建筑施工企业超越本企业资质等级许可的业务范围或者以任何形式用其他建筑施工企业的名义承揽工程。2005年1月1日开始实行的《最高人民法院关于审理建设工程施工合同纠纷案件适用法律问题的解释》第1条规定：建设工程施工合同具有下列情形之一的，应当根据合同法第52条第（5）项的规定，认定无效：1）承包人未取得建筑施工企业资质或者超越资质等级的；2）没有资质的实际施工人借用有资质的建筑施工企业名义的；3）建设工程必须进行招标而未进行招标或者中标无效的。此案例中，甲单位超越资质等级承揽工程，并借用乙单位的资质等级投标并中标，这一过程是违反《建设法》规定的。所以，该中标无效。

3. 错误

【解析】通常将水泥、矿物掺合料、粗细骨料、水和外加剂按一定的比例配制而成的、干表观密度为2000~2800kg/m³的混凝土称为普通混凝土。

4. 正确

【解析】烧结普通砖的标准尺寸是240mm×115mm×53mm。

5. 正确

【解析】房屋建筑施工图是工程设计阶段的最终成果，同时又是工程施工、监理和计算工程造价的主要依据。

6. 正确

【解析】建筑平面图中凡是被剖切到的墙、柱断面轮廓线用粗实线画出，其余可见的轮廓线用中实线或细实线，尺寸标注和标高符号均用细实线，定位轴线用细单点长画线绘制。

7. 正确

【解析】坚石和特坚石的现场鉴别方法都可以为用爆破方法。

8. 正确

【解析】钢筋作不大于90°的弯折时，弯折处的弯弧内直径不应小于钢筋直径的5倍。

9. 正确

【解析】项目管理是指项目管理者为达到项目的目标，运用系统理论和方法对项目进行的策划、组织、控制、协调等活动过程的总称。

10. 正确

【解析】在工程开工前，由项目经理组织编制施工项目管理实施规划，对施工项目管理从开工到交工验收进行全面的指导性规划。

11. 正确

【解析】建筑物耐久性的指标是设计使用年限。

12. 正确

【解析】楼板是房屋主要的水平承重构件和水平支撑构件。

13. 正确

【解析】焊接钢管的直径规格用公称直径"DN"表示，单位为毫米。

14. 错误

【解析】风管的安装有组合连接和吊装两个部分。

15. 正确

【解析】工会经费是指企业按职工工资总额计提的工会费用。

16. 正确

【解析】计算机系统由硬件系统和软件系统两部分组成。

17. 正确

【解析】【选择性粘贴】是Excel强大的功能之一。

18. 正确

【解析】工程资料管理软件可以很好地提高建设单位、监理单位、施工单位的工作效率。

19. 正确

【解析】自定义表格定义完成之后，必须保存为表样，用户也可以删除已经存在的自定义表样。

20. 正确

【解析】文件资料的处理就是指文件资料在单位内部依次运转处理的一系列工作步骤。

二、单选题（共40题，每题1分）

1. C

【解析】建设行政法规的名称常以"条例"、"办法"、"规定"、"规章"等名称出现，如《建设工程质量管理条例》、《建设工程安全生产管理条例》等。建设部门规章是指住房和城乡建设部根据国务院规定的职责范围，依法制定并颁布的各项规章或由住房和城乡建设部与国务院其他有关部门联合制定并发布的规章，如《实施工程建设强制性标准监督规定》、《工程建设项目施工招标投标办法》等。

2. D

【解析】建筑业企业资质分为施工总承包、专业承包和施工劳务三个序列。

3. A

【解析】施工总承包资质分为12个类别，包括建筑工程、公路工程、铁路工程、港口与航道工程、水利水电工程、电力工程、矿山工程、冶炼工程、石油化工工程、市政公用工程、通信工程、机电工程。

4. C

【解析】《中华人民共和国安全生产法》对生产经营单位的安全生产保障、从业人员的权利和义务、安全生产的监督管理、安全生产事故的应急救援与调查处理四个主要方面做出了规定。

5. B

【解析】连带责任既可以依合同约定产生，也可以依法律规定产生。总承包单位和分包单位之间的责任划分，应当根据双方的合同约定或者各自过错的大小确定；一方向建设单位承担的责任超过其应承担份额的，有权向另一方追偿。需要说明的是，虽然建设单位和分包单位之间没有合同关系，但是当分包工程发生质量、安全、进度等方面问题给建设单位造成损失时，建设单位即可以根据总承包合同向总承包单位追究违约责任，也可以依据法律规定直接要求分包单位承担损害赔偿责任，分包单位不得拒绝。

6. B

【解析】《劳动合同法》第19条规定：下列劳动合同无效或者部分无效：①以欺诈、胁迫的手段或者乘人之危，使对方在违背真实意思的情况下订立或者变更劳动合同的；②用人单位免除自己的法定责任、排除劳动者权利的；③违反法律、行政法规强制性规定的。对劳动合同的无效或者部分无效有争议的，由劳动争议仲裁机构或者人民法院确认。

7. B

【解析】建筑材料按化学成分分类分为无机材料、有机材料和复合材料。

8. C

【解析】普通混凝土可以从不同的角度进行分类。按用途分为结构混凝土、抗渗混凝土、抗冻混凝土、大体积混凝土、水工混凝土、耐热混凝土、耐酸混凝土、装饰混凝土等。按强度等级分为普通强度混凝土、高强混凝土、超高强混凝土。按施工工艺分为喷射混凝土、泵送混凝土、碾压混凝土、压力灌浆混凝土、离心混凝土、真空脱水混凝土。

9. A

【解析】总高度超过24m为高层（不包括高度超过24m的单层主体建筑）。

10. C

【解析】各专业的图纸，一般是全局性的在前，局部性的在后；先施工的在前，后施工的在后；重要的图纸在前，次要的图纸在后。对于结构施工图，一般是图纸目录、结构设计说明、结构平面图、构件详图；对于设备施工图，一般是图纸目录、设计说明、平面图、剖面图、系统图、详图。

11. A

【解析】新建建筑物的定位一般采用两种方法，一是按原有建筑物或原有道路定位；二是按坐标定位。采用坐标定位又分为采用测量坐标定位和建筑坐标定位两种。在总平面图中，标高以米为单位，并保留至小数点后两位。风向频率玫瑰图简称风玫瑰图，是新建房屋所在地区风向情况的示意图。风玫瑰图也能表明房屋和地物的朝向情况。各地方国土管理部门提供给建设单位的地形图为蓝图，在蓝图上用红色笔画定的土地使用范围的线称为建筑红线。任何建筑物在设计和施工中均不能超过此线。

12. A

【解析】标准规格，A0幅面的图纸尺寸是841mm×1189mm。

13. B

【解析】钢筋的标注有两种方式：①标注钢筋的直径和根数——钢筋根数+钢筋符号

+钢筋直径;②标注钢筋的直径和相邻钢筋中心距——钢筋符号+钢筋直径+相等中心距符号(@)+相邻钢筋中心距。根据钢筋符号表可知,⏀代表HRB400钢筋。

14. B

【解析】 伸缩缝的宽度一般为20~40mm,墙体在伸缝处断开。

15. A

【解析】 门窗:门主要用作内外交通联系及分隔房间,有时兼有通风作用。

16. A

【解析】 与梁的接触处待加气砖砌完一星期后采用灰砂砖斜砌顶紧。

17. B

【解析】 施工项目管理的特点:施工项目管理的主体是建筑企业;施工项目管理的对象是施工项目;施工项目管理的内容是按阶段变化的;施工项目管理要求强化组织协调工作。

18. B

【解析】 施工项目目标控制包括:施工项目进度控制、施工项目质量控制、施工项目成本控制、施工项目安全控制四个方面。

19. B

【解析】 施工资源管理的任务:确定资源类型及数量;确定资源的分配计划;编制资源进度计划;施工资源进度计划的执行和动态调整。

20. D

【解析】 施工项目目标控制问题的要素包括施工项目、控制目标、控制主体、实施计划、实施信息、偏差数据、纠偏措施、纠偏行为。施工项目控制的目的是排除干扰、实现合同目标。因此,可以说施工项目目标控制是实现施工目标的手段。施工项目目标控制包括:施工项目进度控制、施工项目质量控制、施工项目成本控制、施工项目安全控制四个方面。

21. D

【解析】 钢筋混凝土结构指的是建筑物的主要承重构件为梁、柱、板及楼梯等用钢筋混凝土,而非承重墙用空心砖或其他轻质砖块。

22. A

【解析】 无缝钢管适用于城镇室外供热管道,一般直径小于50mm时,选用冷拔钢管,直径大于50mm时,选用热轧钢管。

23. A

【解析】 电流对人体的伤害主要包括电击和电伤。

24. C

【解析】 设计概预算是指建设项目在设计阶段由设计单位根据设计图纸、概算定额或概算指标、各项费用定额等资料,预先计算和确定建设项目从筹建到竣工验收、交付使用的全部建设费用文件。

25. A

【解析】 竣工结算是竣工报告的主要组成部分,也是工程建设程序的最后一环,竣工决算由建设单位编制。

26. A

【解析】给水及热水供应系统的金属管道立管管卡在楼层高度小于或等于5m，每层必须安装一个。

27. D

【解析】主板又叫作主机板。

28. C

【解析】【目录】在【引用】选项卡下面。

29. A

【解析】建设单位组卷资料记录文件的扩展名是·表。

30. A

【解析】模板是PowerPoint中的骨架性组成部分。

31. C

【解析】电缆引入建筑时，所穿保护管应超出建筑物散水100mm。

32. B

【解析】在柱底面与杯底之间还应预留50mm的缝隙，用高强度细石混凝土找平。

33. C

【解析】实心黏土砖墙的厚度是按半砖墙的倍数确定的，如半砖墙、3/4砖墙、一砖墙、一砖半墙、两砖墙等，相对应的构造尺寸为115、178、240、365、490mm。

34. C

【解析】散水位置：建筑物外墙四周地面做成3%~5%的倾斜坡面。

35. C

【解析】屋面铺好隔离层后再浇筑防水层，找平屋顶刚性防水屋面檐口中防水层应挑出屋面至少60mm。

36. A

【解析】按照钢管壁厚度不同，可以将接缝钢管分成普通管、加厚管和薄壁管三种。

37. A

【解析】【文件】菜单下点击【加密文件】可进行文件加密。

38. D

【解析】CPU指的是中央处理器，是计算机的核心设备。

39. A

【解析】Excel中的求和函数是SUM。

40. A

【解析】简报类文书是记录性文书。这类文书包括简报、大事记。

三、多选题（共20题，每题2分，选错项不得分，选不全得1份）

1. ABCDE

【解析】我国建设法规体系由建设法律、建设行政法规、建设部门规章、地方性建设法规和地方建设规章五个层次组成。

2. ABC

【解析】2005年1月1日开始实行的《最高人民法院关于审理建设工程施工合同纠纷案件适用法律问题的解释》第1条规定：建设工程施工合同具有下列情形之一的，应当根据合同法第52条第（5）项的规定，认定无效：1）承包人未取得建筑施工企业资质或者超越资质等级的；2）没有资质的实际施工人借用有资质的建筑施工企业名义的；3）建设工程必须进行招标而未进行招标或者中标无效的。

3. ABCD

【解析】《建设法》规定：承包建筑工程的单位应当持有依法取得的资质证书，并在其资质等级许可的业务范围内承揽工程。禁止建筑施工企业超越本企业资质等级许可的业务范围或者以任何形式用其他建筑施工企业的名义承揽工程。禁止建筑施工企业以任何形式允许其他单位或个人使用本企业的资质证书、营业执照，以本企业的名义承揽工程。

4. ABCD

【解析】按建筑物的使用功能分（1）民用建筑；（2）工业建筑；（3）农业建筑；（4）园林建筑。

5. ABCD

【解析】散水做法：散水可用水泥砂浆、混凝土、砖、块石等材料左面层，其宽度一般为600～1000mm。

6. ABD

7. ABC

【解析】除污器用来截留、过滤管路中的杂质和污物，保证系统内水质洁净，防止管路阻塞。除污器的型式有立式直通、卧式直通、卧式角通三种。

8. ABCE

【解析】钢筋加工包括钢筋除锈、钢筋调直、钢筋切断、钢筋弯曲成型等。

9. ACDE

【解析】施工项目具有以下特征：施工项目是建设项目或其中的单项工程、单位工程的施工活动过程；建筑企业是施工项目的管理主体；施工项目的任务范围是由施工合同界定的；建筑产品具有多样性、固定性、体积庞大的特点。

10. BD

【解析】施工项目进度控制的措施主要有组织措施、技术措施、合同措施、经济措施和信息管理措施等。组织措施主要是指落实各层次的进度控制的人员及其具体任务和工作责任，建立进度控制的组织系统；按着施工项目的结构、进展的阶段或合同结构等进行项目分解，确定其进度目标，建立控制目标体系；建立进度控制工作制度，如定期检查时间、方法，召开协调会议时间、参加人员等，并对影响实际施工进度的主要因素分析和预测，制订调整施工实际进度的组织措施。技术措施主要是指应尽可能采用先进的施工技术、方法和新材料、新工艺、新技术，保证进度目标实现；落实施工方案，在发生问题时，能适时调整工作之间的逻辑关系，加快实施进度。合同措施是指以合同形式保证工期进度的实现，即保持总进度控制目标与合同总工期相一致；分包合同的工期与总包合同的工期相一致；供货、供电、运输、构件加工等合同规定的提供服务时间与有关的进度控制目标相一致。经济措施是指要制订切实可行的实现进度计划进度所必需的资金保证措施，包括落实实现进度目标的保证资金；签订并实施关于工期和进度的经济承包责任制；建立并实施关于工期和进度的奖惩制度。信息管理措施是指建立完善的工程统计管理体系和统计制度，详细、准确、定时地收集有关工程实际进度情况的资料和信息，并进行整理统计，得出工程施工实际进度完成情况的各项指标，将其与施工计划进度的各项指标比较，定期地向建设单位提供比较报告。

11. CD

【解析】按照基础的材料及受力特点分类主要可以分为（1）刚性基础；（2）柔性基础。

12. ABCD

【解析】按楼梯材料分，楼梯可分为钢筋混凝土楼梯、钢楼梯、木楼梯和组合楼梯。

13. ABCD

【解析】建筑电气系统主要有建筑供配电系统、建筑照明电气系统、动力及控制系统、智能建筑系统。

14. ABC

【解析】广播音响系统一般分为业务性广播系统、服务性广播系统和火灾事故广播系统。

15. ABCDE

【解析】常用的低压熔断器有RC1A系列瓷插式、RL1系列螺旋式、RM系列无填料封闭管式、RTO系列有填料封闭管式、快速熔断器、自复式熔断器。

16. CD

【解析】通风系统：按通风系统作用的范围不同可分为局部通风系统和全面通风系统；按通风系统的工作动力不同可分为自然通风系统和机械通风系统两种。

17. CE

【解析】毛石墙砌筑时，墙角部分纵横宽度至少0.8m。毛石墙必须设置拉结石，拉结石应均匀分布，相互错开，一般每$0.7m^2$墙面至少设置一块，且同皮内的中距不大于2m。对于中间毛石砌筑的料石挡土墙，丁砌料石应深入中间毛石部分的长度不应小于200mm。砌块砌体施工工艺流程为：基层处理→测量墙中线→弹墙边线→砌底部实心砖→立皮数杆→拉准线、铺灰、依准线砌筑→埋墙拉筋→梁下、墙顶斜砖砌筑。砌块砌体的埋墙拉筋应与钢筋混凝土柱（墙）的连接，采取在混凝土柱（墙）上打入$2\phi6@500$的膨胀螺栓。

18. ABC

【解析】计算机系统软件主要包括操作系统、语言处理程序、数据库管理系统。

19. ABCDE

【解析】在工程资料管理软件中，必备的通用功能包括新建、保存、删除、导入、导出。

20. ABCDE

【解析】接听与拨打电话的原则和基本要求包括：（1）表达规范、正确；（2）礼貌热情、语气清晰和婉；（3）简洁；（4）保密；（5）注意时间。

下篇 岗位知识与专业技能

第一章 建筑工程资料管理相关的规定和标准

一、判断题

1. 参加工程施工质量验收的各方人员必须具备规定的资格。

【答案】 错误

【解析】 参加工程施工质量验收的各方人员应具备规定的资格。没有强调必须。

2. 工程的观感质量应由验收人员通过现场检查，并应确认一致。

【答案】 错误

【解析】 工程的观感质量应由验收人员通过现场检查，并应共同确认。

3. 检验批可根据施工及质量控制和专业验收可以按照楼层进行划分。

【答案】 正确

【解析】 检验批可根据施工及质量控制和专业验收需要按照楼层、施工段、变形缝等进行划分。

4. 同一品种类型和规格的特种门每50樘划分为一个检验批，不足50樘也应划分为一个检验批。

【答案】 正确

【解析】 分部（子分部）工程、分项工程、检验批划分及代号索引表格当中分部工程代号03，子分部工程代号03。

5. 通风空调分部中的子分部中的各个分项，可根据施工工程的实际情况一次验收或数次验收。

【答案】 正确

【解析】 分部（子分部）工程、分项工程、检验批划分及代号索引表格当中分部工程代号08，通风与空调分部工程检验划分规定。

6. 通风空调分部中的子分部中的各个分项，工程质量的规定为根据工程量的大小施工工期的长短或加工批，可分别采取一次验收或数次验收的方法。

【答案】 正确

【解析】 分部（子分部）工程、分项工程、检验批划分及代号索引表格当中分部工程代号08，通风与空调分部工程检验划分规定。

7. 建筑给排水及采暖分部工程中的子分部中的各个分项检验批数量可按系统、区域、施工段或楼层划分。

【答案】 正确

【解析】 分部（子分部）工程、分项工程、检验批划分及代号索引表格当中分部工程代号05，建筑给水、排水及采暖部分工程检验划分规定。

8. 地面节能工程每 200m² 划分一个检验批。

【答案】正确

【解析】分部（子分部）工程、分项工程、检验批划分及代号索引表格当中分部工程代号 10，子分部工程代号 05。

9. 建设工程项目管理，是指从事工程项目管理的企业，受工程项目业主方委托，对工程建设全过程或分阶段进行专业化管理和服务活动。

【答案】正确

【解析】建设工程项目管理，是指从事工程项目管理的企业，受工程项目业主方委托，对工程建设全过程或分阶段进行专业化管理和服务活动。

10. 项目经理指的是企业法定代表委托对工程项目施工过程全面负责的项目管理者。

【答案】正确

【解析】项目经理指的是企业法定代表委托对工程项目施工过程全面负责的项目管理者，是建筑施工企业法定代表在工程项目上的代表人。

11. 总监理工程师应履行主持整理工程项目的监理资料职责。

【答案】正确

【解析】总监理工程师应履行主持整理工程项目的监理资料职责。

12. 施工组织设计是以施工项目为对象编制的，用以指导施工的技术、经济和管理的综合性文件。

【答案】正确

【解析】施工组织设计是以施工项目为对象编制的，用以指导施工的技术、经济和管理的综合性文件，是对施工活动实行科学管理的重要手段，它具有战略部署和战术安排的双重作用。

二、单选题

1. 隐蔽工程在隐蔽前应由（　　）单位通知有关单位进行验收，并应形成验收文件。
A. 施工　B. 设计　C. 监理　D. 建设

【答案】A

【解析】隐蔽工程在隐蔽前应由施工单位通知有关单位进行验收，并应形成验收文件。

2. （　　）是最小的验收单位。
A. 单位工程　B. 分部工程　C. 分项工程　D. 检验批

【答案】D

【解析】检验批是工程验收的最小单位，是分项工程乃至整个建筑工程质量验收的基础。

3. 复合式衬砌工程属于（　　）子分部工程。
A. 有支护土方　B. 混凝土工程　C. 地基处理　D. 地下防水

【答案】D

【解析】分部（子分部）工程、分项工程、检验批划分及代号索引中，分部工程 01 子分部工程代号 05 地下防水中有盾构隧道，其中包括复合式衬砌工程。

4. 砖面层属于（　　）地面子分部工程。

A. 整体　B. 板块　C. 木竹　D. 复合

【答案】B

【解析】分部（子分部）工程、分项工程、检验批划分及代号索引中，分部工程03子分部工程代号01地面中有板块面层。

5. 室外涂饰工程每一栋楼的同类涂料涂饰的墙面每（　　）m² 应划分为一个检验批。

A. 300~500　B. 500~1000　C. 1000~1500　D. 1500~2000

【答案】B

【解析】分部（子分部）工程、分项工程、检验批划分及代号索引中，分部工程03子分部工程代号08涂饰子分部检验批划分规定。

6. 同一品种的裱糊或软包工程，大面积房间和走廊按涂饰面积（　　）m² 为一间，50间应划分为一个检验批。

A. 10　B. 20　C. 30　D. 40

【答案】C

【解析】分部（子分部）工程、分项工程、检验批划分及代号索引中，分部工程03子分部工程代号09。

7. 高层建筑避雷以（　　）设置间隔的层数为1个检验批。

A. 6层　B. 8层　C. 均压环　D. 引下系统

【答案】C

【解析】分部（子分部）工程、分项工程、检验批划分及代号索引中，分部工程06子分部工程代号07。

8. 门窗工程每（　　）樘应划分为一个检验批。

A. 50　B. 100　C. 150　D. 200

【答案】B

【解析】分部（子分部）工程、分项工程、检验批划分及代号索引中，分部工程03子分部工程代号03。

9. （　　）工程应按主要工种、材料、施工工艺、设备类别等进行划分。

A. 单位　B. 子单位　C. 分部　D. 分项

【答案】D

【解析】分项工程应按主要工种、材料、施工工艺、设备类别等进行划分。

10. 室外饰面板工程每（　　）m² 应划分为一个检验批。

A. 300~500　B. 500~1000　C. 1000~1500　D. 1500~2000

【答案】B

【解析】分部（子分部）工程、分项工程、检验批划分及代号索引中，分部工程03子分部工程代号06。

11. 分项工程验收在（　　）基础上进行。

A. 单位　B. 子单位　C. 分部　D. 检验批

【答案】D

【解析】分项工程的验收在检验批的基础上进行。

12. 检验批和分项工程应由（　　）组织施工单位项目专业质量（技术）负责人等进行验收。

A. 总监理工程师　B. 总监理工程师代表　C. 专业监理工程师　D. 监理工程师

【答案】D

【解析】检验批及分项工程应由监理工程师（建设单位项目技术负责人）组织施工单位项目专业质量（技术）负责人等进行验收。

13. 施工现场八大员不包括（　　）员。

A. 监理　B. 机械　C. 劳务　D. 标准

【答案】A

【解析】建设工程项目管理其他的工作人员也应具有施工员、安全员、质检员、预算员、资料员、机械员、劳务员、标准员等相对应的从业岗位证，并应经过专业的技能培训并取得从业资格证。

14. 项目管理的任务不包括（　　）。

A. 信息管理　B. 资料管理　C. 项目沟通　D. 项目收尾

【答案】B

【解析】项目管理的任务应包括：确定项目管理范围，编制项目管理规划纲要，建立项目管理组织，编制项目管理实施计划，项目合同管理，项目进度管理，项目质量管理，项目职业健康安全管理，项目环境管理，项目成本管理，项目资源管理，项目信息管理，项目风险管理，项目沟通，项目收尾。

15. 项目管理实施规划由（　　）组织编制。

A. 项目技术负责人　B. 项目经理　C. 施工员　D. 资料员

【答案】B

【解析】项目经理的职责当中第二条为主持编制项目管理实施规划，并对项目目标进行系统管理。

16. 项目经理是企业法定代表人的（　　）代理人。

A. 指定　B. 法定　C. 委托　D. 表见

【答案】C

【解析】项目经理指的是企业法定代表委托对工程项目施工过程全面负责的项目管理者，是建筑施工企业法定代表在工程项目上的代表人。

17. 项目信息管理计划的制定应以（　　）中的有关内容为依据。

A. 施工组织设计大纲　B. 项目管理实施规划　C. 施工组织设计　D. 施工方案

【答案】B

【解析】项目信息管理计划的制定应以项目管理实施规划中的有关内容为依据。

18. 监理日记由（　　）根据工程具体实施情况填写。

A. 资料员　B. 总监理工程师代表　C. 专业监理工程师　D. 监理工程师

【答案】C

【解析】专业监理工程师根据本专业监理工作实施情况做好监理日志。

19. 复核从施工现场直接获取工程计量的有关数据并签署原始凭证是（　　）的职责。

A. 资料员　B. 监理员　C. 专业监理工程师　D. 监理工程师

【答案】B

【解析】监理员有关资料管理应履行以下职责：复核或从施工现场直接获取工程计量的有关数据并签署原始凭证。

20. 编码为 B2 的监理资料是（　　）资料。
A. 项目管理　B. 合同管理　C. 质量控制　D. 进度控制

【答案】D

【解析】监理资料管理工作流程图。

21. （　　）是用以指导施工的技术、经济和管理的综合性文件。
A. 施工组织设计大纲　B. 管理规划　C. 施工组织设计　D. 施工方案

【答案】C

【解析】施工组织设计是以施工项目为对象编制的，用以指导施工的技术、经济和管理的综合性文件，是对施工活动实行科学管理的重要手段，它具有战略部署和战术安排的双重作用。

22. 具备一定规模的危险性较大的分部（分项）工程的专项施工方案论证专家人数不少于（　　）人。
A. 3　B. 5　C. 7　D. 9

【答案】B

【解析】起重机械安装拆卸工程、深基坑工程、附着式升降脚手架等专业工程实行分包的专项方案可由专业承包单位编制，并应由总承包单位技术总负责人及相关单位技术负责人签字，专家的人数不应少于五人。

三、多选题

1. 检验批的验收应按（　　）项目验收。
A. 主控　B. 一般　C. 使用　D. 安全　E. 主要

【答案】AB

【解析】检验批的验收应按主控项目和一般项目验收。

2. 建筑工程施工资料应符合（　　）的规定。
A. GB50300　B. GB50202　C. GB50203　D. GB50242　E. 相关专业验收规范

【答案】AE

【解析】建筑工程质量验收是依据现行的《建筑工程施工质量验收统一标准》GB50300—2001 和配套的建筑工程专业施工质量验收规范执行的。

3. 建筑工程施工应符合（　　）的要求。
A. 招标文件　B. 投标文件　C. 设计文件　D. 勘察文件　E. 施工合同

【答案】CD

【解析】建筑工程施工应符合工程勘察和设计文件的要求。

4. 当分部工程较大或较复杂时，可按（　　）等划分为若干子分部。
A. 材料种类　B. 施工特点　C. 施工程序　D. 专业系统及类别　E. 专业设备及类别

【答案】ABCD

【解析】分部工程的划分应按专业性质、建筑部位确定。当分部工程较大或较复杂时，可按材料种类、施工特点、施工顺序、专业系统及类别等划分为若干子分部工程。

5. 地面的类型有（　　）面层。
   A. 整体　B. 板块　C. 木竹　D. 砖　E. 复合

【答案】ABC

【解析】分部（子分部）工程、分项工程、检验批划分及代号索引表格当中分部工程代号03，子分部工程代号01。

6. 地面包括（　　）分项。
   A. 基层　B. 垫层　C. 保温层　D. 隔离　E. 面层

【答案】AE

【解析】分部（子分部）工程、分项工程、检验批划分及代号索引表格当中分部工程代号03，子分部工程代号01。

7. 轻质隔墙包括（　　）隔墙分项。
   A. 板材　B. 骨架　C. 活动　D. 推拉　E. 玻璃

【答案】ABCE

【解析】分部（子分部）工程、分项工程、检验批划分及代号索引表格当中分部工程代号03，子分部工程代号05。

8. 饰面板（砖）包括（　　）分项。
   A. 饰面板制作　B. 饰面板安装　C. 饰面板外观　D. 饰面砖粘贴　E. 饰面砖外观

【答案】BD

【解析】分部（子分部）工程、分项工程、检验批划分及代号索引表格当中分部工程代号03，子分部工程代号06。

9. 幕墙包括（　　）幕墙分项。
   A. 玻璃　B. 金属　C. 石材　D. 铝塑　E. 复合

【答案】ABC

【解析】分部（子分部）工程、分项工程、检验批划分及代号索引表格当中分部工程代号03，子分部工程代号07。

10. 涂饰包括（　　）涂饰分项。
    A. 水性涂料　B. 溶剂型涂料　C. 水溶性涂料　D. 乳液型涂料　E. 美术涂料

【答案】ABE

【解析】分部（子分部）工程、分项工程、检验批划分及代号索引表格当中分部工程代号03，子分部工程代号08。

11. 门窗节能工程包括（　　）分项。
    A. 门窗材料　B. 门窗玻璃　C. 保温材料　D. 加固材料　E. 遮阳设施

【答案】ABE

【解析】分部（子分部）工程、分项工程、检验批划分及代号索引表格当中分部工程代号10，子分部工程代号03。

12. 屋面节能工程包括（　　）分项。
    A. 防水面层　B. 结构基层　C. 保温隔热层　D. 保护层　E. 防水层

【答案】BCDE

【解析】分部（子分部）工程、分项工程、检验批划分及代号索引表格当中分部工程代号10，子分部工程代号04。

13. 地面节能工程包括（　　）分项。
   A. 面层　B. 结构基层　C. 保温层　D. 加固材料　E. 保护层

【答案】ABCE

【解析】分部（子分部）工程、分项工程、检验批划分及代号索引表格当中分部工程代号10，子分部工程代号05。

14. 采暖节能工程包括（　　）分项。
   A. 系统制式　B. 附加装置　C. 散热材料　D. 保温材料　E. 调试

【答案】ACDE

【解析】分部（子分部）工程、分项工程、检验批划分及代号索引表格当中分部工程代号10，子分部工程代号06。

15. 通风与空气调节节能工程包括（　　）分项。
   A. 系统制式　B. 附加装置　C. 绝热材料　D. 保温材料　E. 调试

【答案】ACE

【解析】分部（子分部）工程、分项工程、检验批划分及代号索引表格当中分部工程代号10，子分部工程代号07。

16. 配电与照明节能工程包括（　　）分项。
   A. 低压配电电源　B. 附属装置　C. 照明光源灯具　D. 控制制式　E. 调试

【答案】ABCE

【解析】分部（子分部）工程、分项工程、检验批划分及代号索引表格当中分部工程代号10，子分部工程代号09。

17. 建筑设备监控系统包括（　　）系统分项。
   A. 操作站　B. 空调与通风　C. 变配电　D. 照明　E. 给排水

【答案】BCDE

【解析】分部（子分部）工程、分项工程、检验批划分及代号索引表格当中分部工程代号07，子分部工程代号03。

18. 墙体节能工程包括（　　）分项。
   A. 主体结构基层　B. 主体结构附加层　C. 保温材料　D. 加固材料　E. 饰面层

【答案】ACE

【解析】分部（子分部）工程、分项工程、检验批划分及代号索引表格当中分部工程代号10，子分部工程代号01。

19. 瓦面和版面包括（　　）分项。
   A. 找平层　B. 保温层　C. 金属板铺装　D. 玻璃采光顶铺装　E. 沥青瓦铺装

【答案】CDE

【解析】分部（子分部）工程、分项工程、检验批划分及代号索引表格当中分部工程代号04，子分部工程代号04。

20. 室内给水系统包括（　　）分项。

A. 给水管道及配件安装　B. 室内消火栓系统安装
C. 给水设备安装　　　　D. 管道防腐、绝热　　E. 管道卫生处理

【答案】ABCD

【解析】分部（子分部）工程、分项工程、检验批划分及代号索引表格当中分部工程代号05，子分部工程代号01。

21. 项目管理的任务包括（　　）。
A. 信息管理　B. 资料管理　C. 项目沟通　D. 项目收尾　E. 项目成本管理

【答案】ACDE

【解析】项目管理的任务应包括：确定项目管理范围，编制项目管理规划纲要，建立项目管理组织，编制项目管理实施计划，项目合同管理，项目进度管理，项目质量管理，项目职业健康安全管理，项目环境管理，项目成本管理，项目资源管理，项目信息管理，项目风险管理，项目沟通，项目收尾。

22. 建设工程项目信息管理是指对项目信息进行的（　　）活动。
A. 收集　B. 整理　C. 分析　D. 存储　E. 使用

【答案】ABCDE

【解析】建设工程项目信息管理是指对项目信息进行的收集、整理、分析、处置、存储和使用活动。

23. 在信息计划的实施中，应该（　　），从而可以不断改进信息管理工作。
A. 定期检查信息的有效性　B. 检查信息成本
C. 核实造价控制资料　　　D. 管理合同控制资料　E. 检查信息的真实性

【答案】AB

【解析】在信息计划的实施中，应该定期检查信息的有效性和信息成本，从而可以不断改进信息管理工作。

24. 施工阶段的相关资料主要包括（　　）。
A. 进度控制资料　B. 质量控制资料
C. 造价控制资料　D. 合同控制资料　E. 材料控制资料

【答案】ABCD

【解析】监理资料管理工作流程图。

第二章 建筑工程竣工验收备案

一、判断题

1. 凡在我国境内新建、扩建、改建各类房屋建筑工程以及市政基础设施工程都实行竣工验收备案制度。

【答案】正确

【解析】凡在我国境内新建、扩建、改建各类房屋建筑工程以及市政基础设施工程都实行竣工验收备案制度。

2. 建筑工程竣工验收备案时,建设工程竣工验收备案表应提交4份。

【答案】正确

【解析】建筑工程竣工验收备案时,建设工程竣工验收备案表应提交四份。

二、单选题

1. 单位工程质量验收合格后,( )单位应将有关资料报建设行政主管部门备案。
A. 建设 B. 监理 C. 设计 D. 施工

【答案】A

【解析】《建筑工程施工质量验收统一标准》GB50300—2001规定:单位工程质量验收合格后,建设单位应在规定时间内将工程竣工验收报告和有关文件,报建设行政管理部门备案。

2. 单位工程质量验收合格( )日内应将有关资料报建设行政主管部门备案。
A. 7 B. 15 C. 28 D. 30

【答案】B

【解析】建设单位应在单位工程竣工验收合格15日内将《建设工程竣工验收报告》和有关文件,报建设工程备案机关办理竣工工程验收备案手续。

3. 建筑工程竣工验收备案时,建设工程竣工验收报告应提交( )份。
A. 1 B. 2 C. 4 D. 6

【答案】D

【解析】建筑工程竣工验收备案提交资料表中序号1。

4. 建筑工程竣工验收备案时,工程质量保修书应提交( )份。
A. 1 B. 2 C. 4 D. 6

【答案】A

【解析】建筑工程竣工验收备案提交资料表中序号18。

5. 建筑工程竣工验收备案时,工程质量保修书的材料形式为( )。
A. 原件 B. 复印件 C. 复印件并加盖公章 D. 复印件(核对原件)

【答案】A

【解析】建筑工程竣工验收备案提交资料表中序号18。

6. 建筑工程竣工验收备案时，施工许可证的材料形式为（　　）。
A. 原件　B. 复印件　C. 复印件并加盖公章　D. 复印件（核对原件）

【答案】D

【解析】建筑工程竣工验收备案提交资料表中序号3。

7. 建设工程竣工验收报告进行备案时，应该一式（　　）份。
A. 4　B. 5　C. 6　D. 7

【答案】C

【解析】建筑工程竣工验收备案提交资料表中序号2。

8.《房屋建设工程和市政基础设施工程竣工验收备案表》一式（　　）份。
A. 2　B. 3　C. 4　D. 5

【答案】C

【解析】建设单位持加盖单位公章和单位项目负责人签名的《房屋建设工程和市政基础设施工程竣工验收备案表》一式四份及上述规定的材料，向备案机关备案。

9. 备案机关在收齐验证备案材料后（　　）个工作日内应在《房屋建设工程和市政基础设施工程竣工验收备案表》上签署备案意见（盖章）。
A. 10　B. 15　C. 21　D. 30

【答案】B

【解析】备案机关在收齐、验证备案材料后15个工作日内在《房屋建设工程和市政基础设施工程竣工验收备案表》上签署备案意见（盖章）。

第三章 建筑工程文件归档管理

一、判断题

1. 建设工程归档文件是指在工程建设过程中形成的各种形式的信息记录。

【答案】正确

【解析】建设工程归档文件是指在工程建设过程中形成的各种形式的信息记录，包括工程准备阶段文件、监理文件、施工文件、竣工图和竣工验收文件。

2. 建设单位收集和整理工程准备阶段、竣工验收阶段形成的文件。

【答案】正确

【解析】在工程文件与档案的整理立卷、验收移交工作中，建设单位应履行下列职责：其中第二条收集和整理工程准备阶段、竣工验收阶段形成的文件，并应进行立卷归档。

3. 国有土地使用证属 A2 类资料。

【答案】正确

【解析】工程文件归档范围和资料类别、来源及保存要求。

4. 地形测量和拨地测量成果报告来源于规划部门。

【答案】错误

【解析】工程文件归档范围和资料类别、来源及保存要求。

5. 消防设计审核意见来源于公安机关。

【答案】正确

【解析】工程文件归档范围和资料类别、来源及保存要求。

6. 设计合同属于 A3 类资料。

【答案】错误

【解析】工程文件归档范围和资料类别、来源及保存要求。

7. 监理规划属于 B1 类资料。

【答案】正确

【解析】工程文件归档范围和资料类别、来源及保存要求。

8. 施工检查记录属于 C5 类资料。

【答案】正确

【解析】工程文件归档范围和资料类别、来源及保存要求。

9. 竣工新貌影像资料属于 E2 类资料。

【答案】错误

【解析】工程文件归档范围和资料类别、来源及保存要求。

10. 归档的工程文件应为原件。

【答案】正确

【解析】根据《建设工程文件归档整理规范》GB/T50328—2001 的规定，建设工程资料在归档时应满足以下质量要求：（1）归档的工程文件应为原件。

11. 归档的文件必须经过分类整理，并应组成符合要求的案卷。

【答案】正确

【解析】文件材料归档范围应符合《建设工程文件归档整理规范》GB/T50328—2001的规定。文件材料的质量应符合建设工程资料归档的质量要求。归档的文件必须经过分类整理，并应组成符合要求的案卷。

12. 工程竣工验收中必须完成工程项目按照工程设计和合同约定的全部内容。

【答案】正确

【解析】完成工程项目按照工程设计和合同约定的全部内容，经工程竣工验收合格后。

二、单选题

1. 城建档案馆接收范围内的工程竣工验收后，（　　）月内应将有关资料报城建档案馆归档。

A. 1　B. 2　C. 3　D. 4

【答案】C

【解析】在工程文件与档案的整理立卷、验收移交工作中，建设单位应履行下列职责：其中第六条对列入城建档案馆（室）接受范围的工程，工程竣工验收后3个月内，向当地城建档案馆（室）移交一套符合规定的工程档案。

2. 工程质量安全监督注册登记资料来源于（　　）单位。

A. 建设　B. 监理　C. 设计　D. 质监

【答案】D

【解析】工程文件归档范围和资料类别、来源及保存要求。

3. 编码为A1的资料是（　　）资料。

A. 项目建议书　B. 选址意见书　C. 勘察报告　D. 施工合同

【答案】A

【解析】工程文件归档范围和资料类别、来源及保存要求。

4. 编码为A6的资料是（　　）资料。

A. 施工许可证　B. 施工图预算　C. 勘察报告　D. 施工合同

【答案】B

【解析】工程文件归档范围和资料类别、来源及保存要求。

5. 编码为C1的施工资料是（　　）资料。

A. 施工管理　B. 施工技术　C. 施工物质　D. 进度造价

【答案】A

【解析】工程文件归档范围和资料类别、来源及保存要求。

6. 编码为C2的施工资料是（　　）资料。

A. 施工管理　B. 施工技术　C. 施工物资　D. 进度造价

【答案】B

【解析】工程文件归档范围和资料类别、来源及保存要求。

7. 编码为C4的施工资料是（　　）资料。

A. 施工管理　B. 施工技术　C. 施工物资　D. 进度造价

【答案】C

【解析】工程文件归档范围和资料类别、来源及保存要求。

8. 编码为 C5 的施工资料是（　　）资料。
   A. 施工记录　　　　　B. 施工试验记录及检测报告
   C. 施工质量验收记录　D. 竣工验收记录

【答案】A

【解析】工程文件归档范围和资料类别、来源及保存要求。

9. 编码为 C6 的施工资料是（　　）资料。
   A. 施工记录　　　　　B. 施工试验记录及检测报告
   C. 施工质量验收记录　D. 竣工验收记录

【答案】B

【解析】工程文件归档范围和资料类别、来源及保存要求。

10. 编码为 C7 的施工资料是（　　）资料。
    A. 施工记录　　　　　B. 施工试验记录及检测报告
    C. 施工质量验收记录　D. 竣工验收记录

【答案】C

【解析】工程文件归档范围和资料类别、来源及保存要求。

11. 编码为 C8 的施工资料是（　　）资料。
    A. 施工记录　　　　　B. 施工试验记录及检测报告
    C. 施工质量验收记录　D. 竣工验收记录

【答案】D

【解析】工程文件归档范围和资料类别、来源及保存要求。

12. 竣工图章尺寸为（　　）。
    A. 30×60　B. 40×70　C. 50×80　D. 60×90

【答案】C

【解析】根据《建设工程文件归档整理规范》GB/T50328—2001 的规定，建设工程资料在归档时应满足以下质量要求：(8) 竣工图章尺寸为：50mm×80mm。

13. 竣工图应统一折叠成（　　）幅面。
    A. A1　B. A2　C. A3　D. A4

【答案】D

【解析】根据《建设工程文件归档整理规范》GB/T50328—2001 的规定，建设工程资料在归档时应满足以下质量要求：(8) 不同幅面的工程图纸应按《技术制图复制图的折叠方法》GB/T10609.3—2009 统一折叠成 A4 幅面（297mm×210mm），图标栏露在外面。

14. 文件材料归档范围应符合（　　）的规定。
    A.《建设工程文件归档整理规范》　　B.《建筑工程资料管理规程》
    C.《建筑工程施工质量验收统一标准》　D.《建筑装饰装修工程质量验收规范》

【答案】A

【解析】文件材料归档范围应符合《建设工程文件归档整理规范》GB/T50328—2001 的规定。文件材料的质量应符合建设工程资料归档的质量要求。归档的文件必须经过分类整理，并应组成符合要求的案卷。

15. 根据相关规定，工程施工资料整理后应该向（　　）移交。
A. 建设单位　B. 施工单位　C. 监理单位　D. 质检单位

【答案】A

【解析】完成工程项目按照工程设计和合同约定的全部内容，经工程竣工验收合格后。勘察、设计、施工、监理单位分别将工程施工资料根据《建设工程资料管理规程》的规定整理后向建设单位移交。

三、多选题

1. 建设工程归档文件是指在工程建设过程中形成的各种形式的信息记录，主要包括（　　）。
A. 工程准备阶段文件　B. 监理文件　C. 施工文件　D. 竣工图　E. 竣工验收文件

【答案】ABCDE

【解析】建设工程归档文件是指在工程建设过程中形成的各种形式的信息记录，包括工程准备阶段文件、监理文件、施工文件、竣工图和竣工验收文件。

2. 施工图设计文件审查通知书及审查报告过程保存的单位是（　　）单位。
A. 施工　B. 监理　C. 建设　D. 城建档案馆　E. 相关

【答案】AB

【解析】工程文件归档范围和资料类别、来源及保存要求。

3. 施工图设计文件审查通知书及审查报告归档保存的单位是（　　）单位。
A. 施工　B. 监理　C. 建设　D. 城建档案馆　E. 设计

【答案】CD

【解析】工程文件归档范围和资料类别、来源及保存要求。

4. 委托监理合同归档保存的单位是（　　）单位。
A. 施工　B. 监理　C. 建设　D. 城建档案馆　E. 相关

【答案】BCD

【解析】工程文件归档范围和资料类别、来源及保存要求。

5. 施工招投标文件归档保存的单位是（　　）单位。
A. 施工　B. 监理　C. 建设　D. 城建档案馆　E. 相关

【答案】AC

【解析】工程文件归档范围和资料类别、来源及保存要求。

6. 质量控制资料核查记录归档保存的单位是（　　）单位。
A. 施工　B. 监理　C. 建设　D. 城建档案馆　E. 相关

【答案】ABCD

【解析】工程文件归档范围和资料类别、来源及保存要求。

7. 地基钎探记录归档保存的单位是（　　）单位。
A. 施工　B. 监理　C. 建设　D. 城建档案馆　E. 设计

【答案】CDE

【解析】工程文件归档范围和资料类别、来源及保存要求。

8. 沉降观测记录归档保存的单位是（　　）单位。
A. 施工　B. 监理　C. 建设　D. 城建档案馆　E. 设计

【答案】ACDE

【解析】工程文件归档范围和资料类别、来源及保存要求。

9. 绝缘电阻测试记录归档保存的单位是（　　）单位。
A. 施工　B. 监理　C. 建设　D. 城建档案馆　E. 相关

【答案】AC

【解析】工程文件归档范围和资料类别、来源及保存要求。

10. 墙体节能工程保温板材与基层粘接抗拉拨试验归档保存的单位是（　　）单位。
A. 施工　B. 监理　C. 建设　D. 城建档案馆　E. 设计

【答案】ACD

【解析】工程文件归档范围和资料类别、来源及保存要求。

11. 钢筋出厂质量证明文件归档保存的单位是（　　）单位。
A. 施工　B. 监理　C. 建设　D. 城建档案馆　E. 相关

【答案】ABCD

【解析】工程文件归档范围和资料类别、来源及保存要求。

12. 归档资料应符合的规定：归档文件必须（　　），能够反映工程建设活动的全过程。
A. 完整　B. 准确　C. 系统　D. 合理　E. 有效

【答案】ABC

【解析】归档资料应符合的规定：归档文件必须完整、准确、系统，能够反映工程建设活动的全过程。文件材料归档范围应符合《建设工程文件归档整理规范》GB/T50328—2001 的规定。

13. 工程前期的资料主要包括（　　）。
A. 工程地质勘察报告　B. 建设工程施工许可证
C. 工程质量验收报告　D. 工程建设项目批准文件　E. 工程建设规划批准文件

【答案】ABDE

【解析】工程前期移交的资料主要包括：（1）工程地质勘察报告；（2）建设工程施工许可证；（3）工程建设项目批准文件；（4）工程建设规划批准文件。

第四章 施工资料管理

一、判断题

1. 施工资料按照《建设工程文件归档整理规范》可分为五大类。

【答案】正确

【解析】建筑工程资料按照收集和整理单位不同分为建设单位的工程准备阶段文件、监理单位文件、施工单位文件、竣工图和工程竣工文件五大类。

2. 施工资料按照《建筑工程资料管理规程》可分为七大类。

【答案】错误

【解析】施工资料可分为施工管理资料、施工技术资料、施工进度及造价资料、施工物资资料、施工记录、施工试验记录及检验报告、施工质量验收记录、竣工验收资料八大类。

3. 施工资料按照《建筑工程质量验收统一标准》可分为四大类。

【答案】正确

【解析】施工资料按照《建筑工程施工质量验收统一标准》可分为建筑工程施工管理资料、建筑工程质量控制资料、单位（子单位）工程安全和功能检验资料核查及主要功能抽查记录、观感质量验收资料。

4. 建筑智能化系统检测报告属于质量控制资料。

【答案】正确

【解析】单位（子单位）工程质量控制资料核查记录表中有建筑智能化相关检测项目。

5. 幕墙三性检测报告属于使用功能资料。

【答案】错误

【解析】单位（子单位）工程安全和功能检验资料核查及主要功能抽查记录建筑节能中幕墙三性检测相关检测项目属于主要功能检测。

6. 电梯安全装置检测报告属于主要功能资料。

【答案】错误

【解析】单位（子单位）工程安全和功能检验资料核查及主要功能抽查记录中电梯安全装置检测报告属于安全功能。

7. 属于单位工程整体管理内容的资料，编号中的分部、子分部工程代号可用"00"代替。

【答案】正确

【解析】属于单位工程整体管理内容的资料，编号中的分部、子分部工程代号可用"00"代替。

二、单选题

1. 图纸会审属于（　　）资料。

A. 质量控制　B. 功能抽查　C. 观感　D. 分部验收

【答案】A

【解析】单位（子单位）工程质量控制资料核查记录表中有图纸会审相关检测项目。

2. 分项工程检查结论由（　　）填写。
A. 单位（项目）负责人　　B. 项目经理
C. 项目专业质量员　　　　D. 项目专业技术负责人

【答案】D

【解析】分项工程质量验收记录中检查结论中签字人员是项目专业技术负责人。

3. 定位测量属于（　　）资料。
A. 质量控制　B. 功能抽查　C. 观感　D. 分部验收

【答案】A

【解析】单位（子单位）工程质量控制资料核查记录表中有定位测量检测项目。

4. 施工记录属于（　　）资料。
A. 质量控制　B. 功能抽查　C. 观感　D. 分部验收

【答案】A

【解析】单位（子单位）工程质量控制资料核查记录表中有施工记录检测项目。

5. 照明全负荷试验记录属于（　　）资料。
A. 质量控制　B. 功能抽查　C. 观感　D. 分部验收

【答案】B

【解析】单位（子单位）工程安全和功能检验资料核查及主要功能抽查记录中有照明全负荷试验记录。

6. 通风空调调试记录属于（　　）资料。
A. 质量控制　B. 功能抽查　C. 观感　D. 分部验收

【答案】B

【解析】单位（子单位）工程安全和功能检验资料核查及主要功能抽查记录中有通风空调调试记录。

7. 电梯运行记录属于（　　）资料。
A. 质量控制　B. 功能抽查　C. 观感　D. 分部验收

【答案】B

【解析】单位（子单位）工程安全和功能检验资料核查及主要功能抽查记录中有电梯运行记录。

8. 给水管道通水试验记录属于（　　）资料。
A. 质量控制　B. 功能抽查　C. 观感　D. 分部验收

【答案】B

【解析】单位（子单位）工程安全和功能检验资料核查及主要功能抽查记录中有给水管道通水试验记录。

9. 施工资料编码③为（　　）编号。
A. 分部　B. 子分部　C. 类别　D. 顺序

【答案】C

【解析】③为资料的类别编号

三、多选题

1. ( ) 属于使用功能的检验资料。
   A. 屋面淋水试验记录　B. 抽气（风）道检查记录
   C. 室外环境检测报告　D. 节能保温测试记录　　E. 避雷接地电阻测试记录

【答案】AB

【解析】单位（子单位）工程安全和功能检验资料核查及主要功能抽查记录中有屋面淋水试验记录和抽气（风）道检查记录都属于使用功能的检验资料。

2. ( ) 属于主要功能的检验资料。
   A. 屋面淋水试验记录　B. 抽气（风）道检查记录
   C. 室外环境检测报告　D. 节能保温测试记录　　E. 避雷接地电阻测试记录

【答案】CD

【解析】单位（子单位）工程安全和功能检验资料核查及主要功能抽查记录中有室外环境检测报告和节能保温测试记录都属于主要功能的检验资料。

3. ( ) 属于安全功能的检验资料。
   A. 大型灯具牢固性试验记录　B. 抽气（风）道检查记录　C. 室外环境检测报告
   D. 节能保温测试记录　　　　E. 避雷接地电阻测试记录

【答案】AE

【解析】单位（子单位）工程安全和功能检验资料核查及主要功能抽查记录中有大型灯具牢固性试验记录和避雷接地电阻测试记录都属于安全功能的检验资料。

第五章 施工前期、施工期间、竣工验收各阶段施工资料管理的知识

一、判断题

1. 施工前期资料主要为建设单位资料。

【答案】正确

【解析】施工前期资料主要为建设单位资料。

2. 施工期间的单位工程资料主要来源于施工单位。

【答案】错误

【解析】施工期间的单位工程资料主要来源于施工单位、监理单位和实验、检测单位。

3. 监理资料主要可以分为六大类。

【答案】正确

【解析】监理资料可分为监理管理资料（B1）、进度控制资料（B2）、质量控制资料（B3）、造价控制资料（B4）、合同管理资料（B5）和竣工验收资料（B6）。

4. 工程开工报审表内容应符合现行国家标准《建设工程监理规范》的有关规定。

【答案】正确

【解析】工程开工报审表内容应符合现行国家标准《建设工程监理规范》的有关规定。

5. 分项工程质量验收记录表中施工单位评定检查结果应填写为合格。

【答案】正确

【解析】当中施工单位检查评定结论填写为合格。

6. 分部工程质量验收记录表中质量控制资料结果应填写为合格。

【答案】错误

【解析】中质量控制资料填写的是资料工××份，完整。

7. 分部工程质量验收记录表中安全和功能检测报告结果应填写为符合有关规定。

【答案】正确

【解析】分部工程质量验收记录表中安全和功能检测报告结果应填写为符合有关规定。

8. 观感质量评价分为好、一般、差。

【答案】正确

【解析】单位（子单位）工程观感质量检查记录下面的注中观感质量评价分为好、一般、差。

9. 检验批质量验收记录表中施工执行标准必须采用国家标准。

【答案】错误

【解析】检验批质量验收记录表应符合现行国家标准《建筑工程施工质量验收统一标准》中的相关规定。

10. 单位（子单位）工程质量竣工验收记录表中质量控制资料核查结果应填写为完整。

【答案】正确

【解析】单位（子单位）工程质量竣工验收记录表中质量控制资料核查结果应填写为完整。

11. 单位（子单位）工程观感质量检查记录表中抽查质量状况结果填写为〇的表示符合要求。

【答案】正确

【解析】单位（子单位）工程观感质量检查记录表中抽查质量状况结果填写为〇的表示符合要求。

12. 竣工图的比例应与原施工图一致。

【答案】正确

【解析】竣工图的比例应与原施工图一致。

二、单选题

1. 工作联系单中的事由应按（　　）的性质填写。
   A. 原因 B. 标题 C. 引言 D. 绪论

【答案】B

【解析】工作联系单表中有关于事由：关于贵公司资质及项目组织机构报审事宜。

2. 旁站监理记录施工单位应由（　　）签字。
   A. 资料员 B. 安全员 C. 质量员 D. 施工员

【答案】C

【解析】旁站监理记录（B.3.1）施工单位名称下面签字人员要求为质检员。

3. 监理单位填写的见证取样和送检见证人员备案表应一式（　　）份。
   A. 二 B. 三 C. 四 D. 五

【答案】D

【解析】监理单位填写的见证取样和送检见证人员的备案表应一式五份，质量监督站、检测单位、建设单位、监理单位、施工单位各保存一份。

4. 涉及结构安全的试块试件和材料见证取样和送检的比例不得低于有关技术标准中规定应取样数量的（　　）。
   A. 10% B. 20% C. 30% D. 40%

【答案】C

【解析】依据《房屋建筑工程和市政基础设施工程实行见证取样和送检的规定》中的相关规定：涉及结构安全的试块、试件和材料见证取样和送检的比例不得低于有关技术标准中规定应取样数量的30%。

5. 监理单位填写的费用索赔审批表应一式（　　）份。
   A. 二 B. 三 C. 四 D. 五

【答案】B

【解析】监理单位填写的费用索赔审批表应一式三份，并应由建设单位、监理单位、施工单位各保存一份。

6. 监理单位填写的工程延期审批表应一式（　　）份。

A. 二 B. 三 C. 四 D. 五

【答案】C

【解析】监理单位填写的工程延期审批表应一式四份，并应由建设单位、监理单位、施工单位、城建档案馆各保存一份。

7. 编码为C3的施工资料是（　　）资料。
　　A. 施工管理 B. 施工物资 C. 质量验收 D. 进度控制

【答案】D

【解析】施工文件按照《建筑工程资料管理规程》分为施工管理资料（C1）、施工技术资料（C2）、施工进度及造价资料（C3）、施工物资资料（C4）、施工记录（C5）、施工试验记录及检测记录（C6）、施工质量验收记录（C7）、竣工验收资料（C8C）八类。

8. 施工单位填写的工程概况表与施工组织设计同步完成并应一式（　　）份。
　　A. 二 B. 三 C. 四 D. 五

【答案】C

【解析】施工单位填写的工程概况表与施工组织设计同步完成并应一式四份，并应由建设单位、监理单位、施工单位、城建档案馆各保存一份。

9. 水泥试验批量每批不超过（　　）t。
　　A. 100 B. 300 C. 400 D. 500

【答案】D

【解析】水泥试验批量：每批不超过500t（袋装不超过200t，以同厂别、同品牌、同强度等级、同编号的为一批）。

10. 烧结砖试验批量每批不超过（　　）万块。
　　A. 5 B. 10 C. 15 D. 20

【答案】C

【解析】砖的实验批量：烧结砖每批不超过15万块。

11. 砂、石试验批量每批不超过（　　）t。
　　A. 300 B. 400 C. 500 D. 600

【答案】D

【解析】砂石实验批量：每批不超过400m³或者是600t。

12. 施工单位填写的材料、构配件进场检验记录应一式（　　）份。
　　A. 二 B. 三 C. 四 D. 五

【答案】A

【解析】施工单位填写的材料、构配件进场检验记录应一式两份，并应有建立单位、施工单位各保存一份。

13. 施工单位填写的隐蔽工程验收记录应一式（　　）份。
　　A. 二 B. 三 C. 四 D. 五

【答案】C

【解析】施工单位填写的隐蔽工程验收记录应一式四份，并应由建设单位、监理单位、施工单位、城建档案馆各保存一份。

14. 交接双方共同填写的交接检查记录应一式（　　）份。

A. 二 B. 三 C. 四 D. 五

【答案】B

【解析】交接双方共同填写的交接检查记录应一式三份，并应由移交单位、接受单位和见证单位各保存一份。

15. 砌筑砂浆的验收批，同一类型强度等级的砂浆试块应不少于（　　）组。
A. 1 B. 2 C. 3 D. 4

【答案】C

【解析】砌筑砂浆的验收批，同一类型强度等级的砂浆试块应不少于3组。

16. 砌筑砂浆应以标准养护，龄期为（　　）d的试块抗压试验结果为准。
A. 3 B. 7 C. 14 D. 28

【答案】D

【解析】砌筑砂浆应以标准养护，龄期为28d的试块抗压试验结果为准。

17. 对于房屋建筑，每一楼层同一配合比的混凝土，取样不应少于（　　）次。
A. 1 B. 2 C. 3 D. 4

【答案】A

【解析】对于房屋建筑，每一楼层同一配合比的混凝土，取样不应少于1次。

18. 施工单位填写的结构实体混凝土强度检验记录应一式（　　）份。
A. 二 B. 三 C. 四 D. 五

【答案】C

【解析】施工单位填写的结构实体混凝土强度检验记录应一式四份，并应由建设单位、监理单位、施工单位、城建档案馆各保存一份。

19. 施工单位填写的结构实体钢筋保护层厚度检验记录应一式（　　）份。
A. 二 B. 三 C. 四 D. 五

【答案】C

【解析】施工单位填写的结构实体钢筋保护层厚度检验记录应一式四份，并应由建设单位、监理单位、施工单位、城建档案馆各保存一份。

20. 施工单位填写的灌水、满水试验记录应一式（　　）份。
A. 二 B. 三 C. 四 D. 五

【答案】B

【解析】施工单位填写的灌水、满水试验记录应一式三份，并应由建设单位、监理单位、施工单位各保存一份。

21. 施工单位填写的强度严密性试验记录应一式（　　）份。
A. 二 B. 三 C. 四 D. 五

【答案】C

【解析】施工单位填写的强度严密性试验记录应一式四份，并应由建设单位、监理单位、施工单位、城建档案馆各保存一份。

22. 施工单位填写的通水试验记录应一式（　　）份。
A. 二 B. 三 C. 四 D. 五

【答案】C

【解析】施工单位填写的通水试验记录应一式四份，并应由建设单位、监理单位、施工单位、城建档案馆各保存一份。

23. 施工单位填写的冲洗、吹洗试验记录应一式（　　）份。
   A. 二　B. 三　C. 四　D. 五

【答案】B

【解析】施工单位填写的冲洗、吹洗试验记录应一式三份，并应由建设单位、监理单位、施工单位各保存一份。

24. 施工单位填写的电气设备空载试运行记录应一式（　　）份。
   A. 二　B. 三　C. 四　D. 五

【答案】C

【解析】施工单位填写的电气设备空载试运行记录应一式四份，并应由建设单位、监理单位、施工单位、城建档案馆各保存一份。

25. 施工单位填写的大型照明灯具承载试验记录应一式（　　）份。
   A. 二　B. 三　C. 四　D. 五

【答案】B

【解析】施工单位填写的大型照明灯具承载试验记录应一式三份，并应由建设单位、监理单位、施工单位各保存一份。

26. 房屋建筑工程竣工验收工作由（　　）单位组织实施。
   A. 建设　B. 监理　C. 设计　D. 施工

【答案】A

【解析】房屋建筑工程竣工验收工作由建设单位组织实施。

27. 建设单位应当在工程竣工验收（　　）个工作日前将验收的时间、地点及验收组名单书面通知质监站。
   A. 1　B. 3　C. 5　D. 7

【答案】D

【解析】建设单位应当在工程竣工验收7个工作日前将验收的时间、地点及验收组名单书面通知负责监督该工程的工程质量监督机构。

三、多选题

1. 建设单位A类资料包括（　　）。
   A. 决策立项文件　　B. 施工资料文件　C. 建设用地文件
   D. 招投标与合同文件　E. 开工文件

【答案】ACDE

【解析】建设单位A类资料分为：决策立项文件（A1）、建设用地文件（A2）、勘察设计文件（A3）、招投标与合同文件（A4）、开工文件（A5）、商务文件（A6）。

2. 施工期间的单位工程资料主要来源于（　　）。
   A. 建设单位　B. 施工单位　C. 监理单位　D. 实验、检测单位　E. 监管部门单位

【答案】BCD

【解析】施工期间的单位工程资料主要来源于施工单位、监理单位和实验、检测单位。

3. 监理单位填写的工程延期审批表应由（　　）个保存一份。
   A. 建设单位　B. 施工单位　C. 监理单位　D. 城建档案馆　E. 检测单位

【答案】ABCD

【解析】监理单位填写的工程延期审批表应一式四份，并应由建设单位、监理单位、施工单位、城建档案馆各保存一份。

4. 施工单位填写的见证试验检测汇总表应由（　　）保存。
   A. 建设单位　B. 施工单位　C. 建立单位　D. 城建档案馆　E 监理单位

【答案】BE

【解析】各个实验项目的见证实验检测完成后，应由施工单位填写见证实验检测汇总表一式两份，并由监理单位、施工单位各保存一份。

5. 施工单位填报的监理工程师通知回复单应由（　　）保存。
   A. 建设单位　B. 施工单位　C. 建立单位　D. 城建档案馆　E. 监理单位

【答案】BE

【解析】施工单位填写的监理工程师通知回复单应一式两份，并由监理单位、施工单位各保存一份。

6. 施工单位填写的分部（子分部）质量验收记录应由（　　）保存。
   A. 建设单位　B. 监理单位　C. 施工单位　D. 设计单位　E. 城建档案馆

【答案】ABCE

【解析】施工单位填写的分部（子分部）质量验收记录应一式四份，并应由建设单位、监理单位、施工单位、城建档案馆各保存一份。

第六章 建筑业统计的基础知识

一、判断题

1. 建筑业统计的对象是建筑业生产经营活动的数量表现。

【答案】正确

【解析】建筑业统计的对象是建筑业生产经营活动的数量表现。

2. 建筑业统计的范围是根据调查的任务，结合考虑需要而确定的统计调查所应该包含的单位。

【答案】错误

【解析】建筑业统计的范围是根据调查的目的和任务，结合考虑需要而确定的统计调查所必须包含的单位。

二、单选题

1. 施工生产任务预计完成情况是（　　）报表。
A. 项目部上报公司　B. 项目部内部管理　C. 项目部上报甲方　D. 项目部上报监理

【答案】A

【解析】项目部向公司上报各类统计报表（1）施工生产任务预计完成情况月报。

2. 项目部资金使用情况月报是（　　）报表。
A. 项目部上报公司　B. 项目部内部管理　C. 项目部上报甲方　D. 项目部上报监理

【答案】B

【解析】项目部内部管理统计（1）单位工程回款情况及项目部资金使用情况。

3. 月形象进度核验表是（　　）报表。
A. 项目部上报公司　B. 项目部内部管理　C. 项目部上报甲方　D. 项目部上报监理

【答案】C

【解析】上报监理及甲方各类统计报表（8）月形象进度核验表。

4. 月工程款支付申请表是（　　）报表。
A. 项目部上报公司　B. 项目部内部管理　C. 项目部上报乙方　D. 项目部上报监理

【答案】D

【解析】上报监理及甲方各类统计报表（1）月工程款支付申请表。

5. 月度施工生产计划是（　　）报表。
A. 项目部上报公司　B. 项目部内部管理　C. 项目部上报甲方　D. 项目部上报监理

【答案】A

【解析】项目部向公司上报各类统计报表（1）施工生产任务预计完成情况月报。

6. 本月实际完成情况与进度计划比较表是（　　）报表。
A. 项目部上报公司　B. 项目部内部管理　C. 项目部上报乙方　D. 项目部上报监理

【答案】D

【解析】上报监理及甲方各类统计报表（6）本月实际完成情况与进度计划比较表。

7. 工程量登记台账是（　　）报表。
   A. 项目部上报公司　B. 项目部内部管理　C. 项目部上报甲方　D. 项目部上报监理

【答案】A

【解析】项目部向公司上报各类统计台账（3）工程量登记台账。

8. 工程款回收情况是（　　）报表。
   A. 项目部上报公司　B. 项目部内部管理　C. 项目部上报甲方　D. 项目部上报监理

【答案】B

【解析】项目内部管理统计表（1）单位工程回款情况及项目部资金使用情况。

三、多选题

1. 建筑业整个行业的生产经营活动包括（　　）。
   A. 各种房屋、建筑物和构筑物的建造　　B. 各种线路、管道和机械设备的安装
   C. 原有房屋、建筑物和构筑物的修理　　D. 部分非标准设备的制造
   E. 原有房屋、建筑物和构筑物的装饰装修等

【答案】ABCDE

【解析】建筑业整个行业的生产经营活动包括：（1）各种房屋、建筑物和构筑物的建造；（2）各种线路、管道和机械设备的安装；（3）原有房屋、建筑物和构筑物的修理；（4）部分非标准设备的制造；（5）原有房屋、建筑物和构筑物的装饰装修等。

2. 统计基础工作规范化管理的基本特点为（　　）的形成必须有严格的工作程序。
   A. 原始凭证　B. 原始记录　C. 统计台账　D. 统计报表　E. 统计核算

【答案】BCD

【解析】统计基础工作规范化管理的基本特点为原始记录、统计台账、统计报表的形成必须有严格的工作程序。

3. 项目部向甲方上报各类计划报表包括（　　）计划。
   A. 月度建筑安装工程施工生产　B. 月度在施工程进度
   C. 季度建筑安装工程施工生产　D. 季度在施工程进度
   E. 年度施工生产进度

【答案】BDE

【解析】上报甲方各类统计报表月度在施工程进度、季度在施工程进度、年度施工生产进度。

第七章 资料安全管理的有关规定

一、判断题

1. 应加强对计算机及其他信息设备的使用管理，凡涉及保密资料的电子设备、通信和办公自动化系统均应符合保密要求。

【答案】正确

【解析】应加强对计算机及其他信息设备的使用管理，凡涉及保密资料的电子设备、通信和办公自动化系统均应符合保密要求。

2. 编报的统计报表要按现场实际完成情况严格审查核对，不得多报、早报、重报、漏报。

【答案】正确

【解析】编报的统计报表要按现场实际完成情况严格审查核对，不得多报、早报、重报、漏报。

3. 协助项目经理做好对外协调、接待工作：协助项目经理对内协调公司、部门间，对外协调施工单位间的工作。做好与有关部门及外来人员的联络接待工作，树立企业形象。

【答案】正确

【解析】协助项目经理做好对外协调、接待工作：协助项目经理对内协调公司、部门间，对外协调施工单位间的工作。做好与有关部门及外来人员的联络接待工作，树立企业形象。

二、单选题

1. 各资料科（室）每年定期对存档资料安全保管情况进行（　　）%的安全性抽样检查。
   A. 10　B. 20　C. 30　D. 40

【答案】A

【解析】各级资料管理部门应掌握存档资料安全保管情况，每年定期进行10%的安全性抽样检查，发现问题应及时采取措施予以处理。

2. 资料室温度应控制在（　　）℃。
   A. 10~20　B. 12~22　C. 14~24　D. 16~26

【答案】C

【解析】资料室（库）区内应配置有效的温湿度调节设备与检测系统。温度应控制在14~24℃，相对湿度应控制在45~60%。

3. 资料室湿度应控制在（　　）%。
   A. 30~45　B. 45~60　C. 50~65　D. 55~70

【答案】B

【解析】资料室（库）区内应配置有效的温湿度调节设备与检测系统。温度应控制在 14～24℃，相对湿度应控制在 45%～60%。

4. 资料室（库）应配有防有害生物的药品，有效控制面积应达到（　　）%。
A. 70　B. 80　C. 90　D. 100

【答案】D

【解析】资料室（库）应配有防虫、霉、鼠等有害生物的药品，有效控制面积应达到 100%。

5. 资料室（库）照明应选择无（　　）光源。
A. 污染　B. 辐射　C. 紫外线　D. 红外线

【答案】C

【解析】资料室（库）照明应选择无紫外线光源。

6. （　　）负责工程项目的资料档案管理、计划、统计管理及内业管理工作。
A. 资料员　B. 安全员　C. 质量员　D. 施工员

【答案】A

【解析】资料员负责工程项目的资料档案管理、计划、统计管理及内业管理工作。

7. 全部工程施工图纸每一项目应收存不少于（　　）套正式图纸。
A. 1　B. 2　C. 3　D. 4

【答案】B

【解析】负责收存全部工程项目图纸，且每一项目应收存不少于两套正式图纸，其中至少一套图纸有设计单位图纸专用章。

8. 按时向公司档案室移交目录一式（　　）份。
A. 1　B. 2　C. 3　D. 4

【答案】B

【解析】移交目录一式两份，双方各持一份。

三、多选题

1. 资料安全管理工作的内容包括资料（　　）。
A. 安全管理流程　B. 安全管理职责　C. 实体安全管理
D. 信息安全管理　E. 库房安全管理

【答案】BCDE

【解析】其内容包括：资料安全管理职责、工程资料实体安全管理、资料信息安全管理和资料库房安全管理。

2. 打印过的废纸和校对底稿应及时（　　）。
A. 更新　B. 清理　C. 销毁　D. 丢掉

【答案】BC

【解析】打印过的废纸和校对底稿应及时清理、销毁。

第八章 编制施工资料管理计划

一、判断题

1. 依据《建筑工程质量验收统一标准》确定施工项目的分部、分项、检验批。

【答案】正确

【解析】编制资料收集目录工作流程为：熟悉施工图、工程量清单、施工组织设计及《建筑工程质量验收统一标准》确定实施工程项目的分部、分项、检验批。

2. 依据《建筑工程施工资料计划编制导则》确定资料来源、内容及标准。

【答案】正确

【解析】依据《建筑工程施工资料计划编制导则》确定资料来源、内容及标准。

3. 依据《建筑工程资料管理规程》划分资料类别。

【答案】正确

【解析】工程资料按照单位工程参建单位资料依据《建筑工程资料管理规程》划分资料类别。

二、单选题

1. 施工单位技术管理资料管理流程有①内部审批②部门审核③批复④实施（　　）。
   A.①②③④　B.②①③④　C.②③①④　D.③①②④

【答案】A

【解析】施工单位技术管理资料管理流程顺序为内部审批、部门审核、批复、实施。

2. 施工物资资料管理流程有①填单②取样③采购④审核（　　）。
   A.①②③④　B.②①③④　C.②③①④　D.③①②④

【答案】D

【解析】管理流程为采购、填单、取样、审核。

3. 检验批质量验收程序及资料管理流程有①实施②自检③控制④验收（　　）。
   A.①②③④　B.②①③④　C.①③②④　D.③①②④

【答案】C

【解析】管理流程为实施、控制、自检、验收。

4. 分项工程质量验收程序及资料管理流程有①检验批施工完成②自检③下道工序④验收（　　）。
   A.①②③④　B.①②④③　C.①③②④　D.③①②④

【答案】B

【解析】管理流程为检验批施工完成、自检、验收、下道工序。

5. 分部（子分部）工程质量验收程序及资料管理流程有①检验批施工完成②自检③下道工序④验收（　　）。
   A.①②③④　B.①②④③　C.①③②④　D.③①②④

【答案】 B

【解析】 分部（子分部）工程质量验收程序及资料管理流程为检验批施工完成、自检、验收、下道工序。

6. 单位（子单位）工程质量验收程序及资料管理流程有①分部（子分部）施工完成②预验收③工程移交④验收（　　）。
    A. ①②③④　　B. ②④①③　　C. ①②④③　　D. ③①②④

【答案】 C

【解析】 单位（子单位）工程质量验收程序及资料管理流程为分部（子分部）施工完成、预验收、验收、工程移交。

7. 工程资料 A 类文件为（　　）文件。
    A. 工程准备阶段　　B. 施工资料　　C. 监理资料　　D. 竣工图

【答案】 A

【解析】 施工资料按照单位工程参建单位资料收集范围、资料性质和专业分类，分为 A 类工程准备阶段的文件、B 类监理资料、C 类施工资料、D 类竣工图、E 类工程竣工文件。

8. 工程资料 B 类文件为（　　）文件。
    A. 工程准备阶段　　B. 施工资料　　C. 监理资料　　D. 竣工图

【答案】 C

【解析】 施工资料按照单位工程参建单位资料收集范围、资料性质和专业分类，分为 A 类工程准备阶段的文件、B 类监理资料、C 类施工资料、D 类竣工图、E 类工程竣工文件。

9. 工程资料 C 类文件为（　　）文件。
    A. 工程准备阶段　　B. 施工资料　　C. 监理资料　　D. 竣工图

【答案】 B

【解析】 施工资料按照单位工程参建单位资料收集范围、资料性质和专业分类，分为 A 类工程准备阶段的文件、B 类监理资料、C 类施工资料、D 类竣工图、E 类工程竣工文件。

10. 工程资料 D 类文件为（　　）文件。
    A. 工程准备阶段　　B. 施工资料　　C. 监理资料　　D. 竣工图

【答案】 D

【解析】 施工资料按照单位工程参建单位资料收集范围、资料性质和专业分类，分为 A 类工程准备阶段的文件、B 类监理资料、C 类施工资料、D 类竣工图、E 类工程竣工文件。

11. 监理规划的编号为（　　）。
    A. 00-00-B2　　B. 00-00-B1　　C. 01-01-B2　　D. 01-01-B1

【答案】 B

【解析】 监理资料属于单位工程整体管理内容资料，编号中的分部、子分部工程代号可用"00"代替；例如建立管理规划资料的编号为 00-00-B1。

三、多选题

1. 属于技术管理资料的是（　　）。
   A. 工程概况表　B. 施工日记　C. 施工组织设计　D. 见证记录　E. 施工检测计划

   【答案】ABDE

   【解析】施工单位技术管理资料管理流程其中技术管理资料包括：施工现场管理检查记录；企业资格证书；质量事故调查记录、事故报告；检测计划；见证记录；施工日志；设计交底、图纸会审；施工组织设计；施工方案；施工组织设计交底；质量、安全、技术交底；设计变更与工程洽商。

2. 资料员工作职责有（　　）。
   A. 负责制定施工资料管理计划　　　B. 建立完整的资料控制管理台账
   C. 参与资料的收集、审查、整理　　D. 参与资料的来往传递、追溯及借阅管理
   E. 负责管理系统的运用、服务和管理

   【答案】BE

   【解析】资料员的工作职责：（1）参与制定施工资料管理计划，建立施工资料管理规章制度；（2）建立完整的资料控制管理台账，进行施工资料交底；（3）负责施工资料的及时收集、审查、整理；（4）负责施工资料的来往传递、追溯及借阅管理，负责提供管理数据、信息资料；（5）负责工程完工后资料的立卷、归档、验收、移交、封存和安全保密工作；（6）参与建立施工资料管理系统，负责管理系统的运用、服务和管理。

3. 资料管理工作控制程序（PDCA）中 D 包括（　　）工作。
   A. 计划　B. 审查　C. 整理　D. 交底　E. 收集

   【答案】BCE

   【解析】资料管理工作程序有：资料管理计划（P 即计划、台账、交底）；资料管理检查（D 即收集、审查、整理）；资料管理实施（C 即检索、处理、存储、传递、追溯、应用）；资料管理处理（A 即立卷、归档、验收和移交）。

4. 施工现场专业人员工作责任按规定分为（　　）层次。
   A. 策划　B. 执行　C. 负责　D. 参与　E. 实施

   【答案】CD

   【解析】施工现场专业人员工作责任按规定分为负责和参与两个层次。

5. 资料员工作职责有（　　）。
   A. 参与建立施工资料管理规章制度　B. 进行施工资料交底
   C. 参与资料的收集、审查、整理　　D. 参与资料的来往传递、追溯及借阅管理
   E. 参与建立施工资料管理系统

   【答案】ABE

   【解析】资料员的工作职责：（1）参与制定施工资料管理计划，建立施工资料管理规章制度；（2）建立完整的资料控制管理台账，进行施工资料交底；（3）负责施工资料的及时收集、审查、整理；（4）负责施工资料的来往传递、追溯及借阅管理，负责提供管理数据、信息资料；（5）负责工程完工后资料的立卷、归档、验收、移交、封存和安全保密工作；（6）参与建立施工资料管理系统，负责管理系统的运用、服务和管理。

6. 资料管理工作控制程序（PDCA）中P包括（　　）工作。
A. 计划　B. 台账　C. 管理　D. 交底　E. 收集

【答案】ABD

【解析】资料管理工作程序有：资料管理计划（P即计划、台账、交底）；资料管理检查（D即收集、审查、整理）；资料管理实施（C即检索、处理、存储、传递、追溯、应用）；资料管理处理（A即立卷、归档、验收和移交）。

7. 工程资料按照参建单位资料（　　）分为ABCDE五大类。
A. 收集范围　B. 归档要求　C. 资料性质　D. 专业分类　E. 形成过程

【答案】ACD

【解析】施工资料按照单位工程参建单位资料收集范围、资料性质和专业分类，分为A类工程准备阶段的文件、B类监理资料、C类施工资料、D类竣工图、E类工程竣工文件。

8. 工程准备阶段文件、工程竣工文件宜按《建筑工程资料管理规程》中规定的（　　）顺序编号。
A. 单位　B. 形成时间　C. 分部　D. 子分部　E. 类别

【答案】BE

【解析】工程准备阶段文件、工程竣工文件宜按《建筑工程资料管理规程》中规定的类别和形成时间顺序编号。

9. 监理资料宜按《建筑工程资料管理规程》中规定的（　　）顺序编号。
A. 单位　B. 形成时间　C. 分部　D. 子分部　E. 类别

【答案】BCDE

【解析】监理资料宜按《建筑工程资料管理规程》中规定的形成时间、分部、子分部、类别顺序编号。

10. 属于单位工程整体管理内容的资料，编号中的（　　）代号可用"00"代替。
A. 分类　B. 形成时间　C. 分部　D. 子分部　E. 顺序号

【答案】CD

【解析】一些资料的内容适合于整个单位工程，难以划分到某一个分部中，因此组合编号中分部、子分部工程代号可用"00"。

11. 同一（　　）的施工物资用在两个分部、子分部工程中时，资料编号中的分部、子分部工程代号可按主要使用部位填写。
A. 厂家　B. 品种　C. 规格　D. 批次　E. 型号

【答案】ABD

【解析】同一厂家、同一品种、同一批次的施工物资用在两个分部、子分部工程中时，资料编号中的分部、子分部工程代号可按主要使用部位填写。

12. 专用表格的编号应填写在表格（　　）。
A. 左上角　B. 右上角　C. 右下角　D. 编号栏中　E. 适当位置注明

【答案】BD

【解析】专用表格的编号应填写在表格右上角的编号栏中。

第九章 建立施工资料收集台账

一、判断题

1. 对接受的保密机文件，要严格按保密规定妥善收存，并认真执行密级文件资料的借阅规定。

【答案】正确

【解析】对接受的保密机文件，要严格按保密规定妥善收存，并认真执行密级文件资料的借阅规定。

2. 上级主管机关所发的文件由档案资料室统一接收。

【答案】错误

【解析】上级党政主管机关所发的行政及党务方面的文件有办公室统一接收。

3. 施工图资料不足部分施工单位可委托档案资料室向设计院提出增加施工图供应数量。

【答案】正确

【解析】档案资料室仅提供施工单位一套或两套文件，不足部分施工单位可委托档案资料室向设计院提出增加施工图供应数量。

4. 设备资料文件不足部分施工单位可自行联系复制。

【答案】正确

【解析】设备资料文件不足部分，有施工单位自行联系复制，复制的设备资料应加盖"复印件"印章。

二、多选题

1. 档案室应建立（　　）登记账。
A. 总　B. 子　C. 分　D. 细　E. 专用

【答案】AC

【解析】档案资料室对接受的工程文件应及时建立工程文件接收总登记账和分类账，并能利用计算机进行各类工程文件的查询和检索。

2. 档案室应按主管领导审定的（　　）分发工程文件资料。
A. 施工图目录　　B. 施工图分发表　C. 设备资料分发表
D. 设备资料目录　E. 设备明细表

【答案】BC

【解析】在工程文件资料发放登记制度规定中：（3）档案资料室按工程部领导审定的施工图分发表、设备资料分发表分发工程文件资料。

第十章　施工资料交底

一、判断题

1. 资料员指导项目经理收发文件。

【答案】错误

【解析】资料员协助项目经理收发项目文件，编制项目资料管理计划，协助项目经理进行资料签字、签章。

2. 资料员负责试验报告单的验证确认。

【答案】错误

【解析】资料员指导项目技术负责人进行技术文件资料的签字、签章。

二、单选题

1. 施工组织设计由（　　）审批。
A. 项目负责人　B. 项目技术总工　C. 施工单位总工　D. 总监理工程师

【答案】B

【解析】建筑工程施工资料交底，施工组织设计由项目技术总工审批。

2. 施工现场质量检查记录由（　　）编制。
A. 项目负责人　B. 项目技术总工　C. 施工单位总工　D. 总监理工程师

【答案】A

【解析】建筑工程施工资料交底，施工现场质量检查记录由项目负责人编制。

3. 检验批质量检查记录由（　　）审核。
A. 项目负责人　B. 专业监理工程师　C. 专业质量员　D. 项目专业质量员

【答案】D

【解析】建筑工程施工资料交底，检验批质量检查记录由项目专业质量员审核。

4. 分部工程质量检查记录由（　　）填写。
A. 项目经理　B. 专业监理工程师　C. 资料员　D. 项目专业质量员

【答案】C

【解析】建筑工程施工资料交底，分部工程质量检查记录由资料员填写。

5. 参与工程竣工验收，准备结算资料和分析总结，接受审计是（　　）的资料管理职责。
A. 项目经理　B. 项目技术负责人　C. 专业施工员　D. 项目专业质量员

【答案】A

【解析】项目经理：参与工程竣工验收，准备结算资料和分析总结，接受审计。

6. 指导检查各项施工资料的正确填写和收集整理是（　　）的资料管理职责。
A. 项目经理　B. 项目技术负责人　C. 专业施工员　D. 项目专业质量员

【答案】B

【解析】项目技术负责人：负责组织对施工组织设计和施工技术措施的编制和贯彻执行。指导、检查各项施工资料的正确填写和收集整理。

7. 编制各施工班组的月进度计划表是（　　）的资料管理职责。
A. 项目经理　B. 项目技术负责人　C. 专业施工员　D. 项目专业质量员

【答案】C

【解析】专业施工员：编制工程总进度计划表和月进度计划表及各施工班组的月进度表。

8. 负责试验报告单的验证确认是（　　）的资料管理职责。
A. 项目经理　B. 项目技术负责人　C. 专业施工员　D. 项目专业质量员

【答案】D

【解析】项目专业质量员：工序作业完成后，施工员组织工序验收，质检员验证确认、检查、监督，按验收规范、施工图纸及验收试验计划做好施工试验的检验，负责实验报告单的验证确认。

三、多选题

1. 施工资料交底的近外层对象包括（　　）。
A. 质监站　B. 安监站　C. 建设单位　D. 项目经理　E. 项目技术负责人

【答案】ABC

【解析】施工资料交底的近外层对象包括：质量监督站、安全监督站、建设单位、监理单位、设计单位、勘察单位、试验检测单位及供货单位等有关咨询单位。

2. 资料员指导项目技术负责人进行技术资料的（　　）。
A. 编写　B. 填写　C. 签字　D. 审核　E. 盖章

【答案】CE

【解析】资料员指导项目技术负责人进行技术文件资料的签字、签章。

3. 依据《建筑工程资料管理规程》及工程资料（　　）提出资料的形成规定。
A. 类别　B. 专业　C. 来源　D. 保存形成要求　E. 填写要求

【答案】ACDE

【解析】依据《建筑工程资料管理规程》及工程资料类别、专业、来源、保存形成要求及填写要求提出资料的形成规定。

4. 依据《建筑工程资料管理规程》的规定及工程资料要求提出资料（　　）的规定。
A. 编制　B. 签字　C. 审核　D. 盖章　E. 审批

【答案】ACE

【解析】依据《建筑工程资料管理规程》的规定及工程资料要求提出资料编制、审核、审批的规定。

5. 建筑工程文件归档的范围（　　）等单位在建设过程中形成的文件向有关机构移交。
A. 建设　B. 质监　C. 设计　D. 施工　E. 监理

【答案】ACDE

【解析】建筑工程文件的归档范围：建设、勘察、设计、施工、监理等单位将本单位在工程建设过程中形成的文件向本单位信息管理机构移交。

6. 建筑工程文件归档的范围有关单位在建设过程中形成的文件向（   ）机构移交。
A. 建设单位档案管理   B. 质监单位档案管理   C. 本单位档案管理
D. 本单位信息管理   E. 建设单位信息管理

【答案】AD

【解析】建筑工程文件的归档范围：建设、勘察、设计、施工、监理等单位将本单位在工程建设过程中形成的文件向本单位信息管理机构移交。建设、勘察、设计、施工、监理等单位将本单位在工程建设过程中形成的文件向建设单位档案管理机构移交。

7. 建设工程归档资料（   ）均应符合《建设工程文件归档整理规范》的规定。
A. 收集质量   B. 整理质量   C. 分类   D. 组卷   E. 传递

【答案】ACD

【解析】建设工程归档资料质量要求：建设工程归档资料收集质量、分类和组卷均应符合《建设工程文件归档管理规范》的要求。

第十一章　收集、审查与整理施工资料

一、判断题

1. 工程名称栏应填写工程名称的全称。

【答案】正确

【解析】工程名称栏应填写工程名称的全称，与合同或招标书文件中的工程名称一致。

2. 建设单位栏填写合同文件中的甲方单位，与合同签章上的单位名称相同。

【答案】正确

【解析】建设单位栏填写合同文件中的甲方单位。名称也应写全称，与合同签章上的单位名称相同。

3. 设计单位栏填写设计合同文件中的签章单位的名称，与合同签章上的单位名称相同。

【答案】正确

【解析】设计单位栏填写设计合同文件中的签章单位的名称，与合同签章上的单位名称一致。

4. 监理单位填写单位全称。

【答案】错误

【解析】监理单位填写单位全称，应与合同或协议书中的名称一致。

5. 总监理工程师栏应是合同或协议中明确的项目监理负责人。

【答案】正确

【解析】总监理工程师栏应同时合同协议书中明确的项目建立负责人，也可以是建立单位以文件形式明确的该项目建立负责人，必须有监理工程师任职资格证书，专业对口。

6. 项目经理栏项目技术负责人栏与合同中明确的项目经理项目技术负责人一致。

【答案】正确

【解析】项目经理栏项目技术负责人栏与合同中明确的项目经理项目技术负责人一致。

7. 验收部位是指一个分部工程中验收的那个分项工程的抽样范围。

【答案】错误

【解析】验收部位是指一个分项工程中验收的那个检验批的抽样范围。

8. 表头的分包单位项目经理填写不需要本人签字，只是标明他是项目负责人。

【答案】正确

【解析】表头的分包单位项目经理填写不需要本人签字，只是标明他是项目负责人。

9. 施工执行标准栏，填写国家标准名称编号。

【答案】错误

【解析】施工执行标准名称及编号栏：填写企业的标准系列名称以及编号。

10. 质量验收规范在制表时就已填写好。

【答案】正确

【解析】质量验收规范的规定栏填写具体的质量要求，在制表时就已填写好验收规范中主控项目、一般项目的全部内容。

11. 对定量项目根据规范要求的检查数量直接填写检查的数据。

【答案】正确

【解析】对定量项目根据规范要求的检查数量直接填写检查的数据。

12. 定量项目其中每个项目都必须有70%以上检测点的检测数据达到规范规定。

【答案】错误

【解析】定量项目其中每个项目都必须有80%以上（混凝土保护层为90%）检测点的实测数值达到规范规定。

13. 分项工程通常起一个归纳整理的作用，是一个统计表，没有实质性的验收内容。

【答案】正确

【解析】分项工程通常起一个归纳整理的作用，是一个统计表，没有实质性的验收内容。

14. 分部工程验收表头部分除结构类型和层数外，其余项目与检验批、分项工程、单位工程验收表的内容一致。

【答案】正确

【验收】表头部分结构类型按设计文件提供的结构类型填写。应分别注明地下和地上的层数。其余项目与检验批、分项工程、单位工程验收表的内容一致。

15. 有些工程可按子分部工程进行资料验收，有些工程可按分部工程进行资料验收，由于工程不同，不强求统一。

【答案】正确

【解析】有些工程可按子分部工程进行资料验收，有些工程可按分部工程进行资料验收，由于工程不同，不强求统一。

16. 观感质量验收应以总监理工程师或建设单位项目技术负责人为主导共同确定质量评价。

【答案】错误

【解析】观感质量验收应以总监理工程师或建设单位项目经理为主导共同确定质量评价。

17. 分部工程按表列参与工程建设责任单位的有关人员亲自签字，以示负责。

【答案】正确

【解析】分部工程按表列参与工程建设责任单位的有关人员亲自签字，以示负责，以便追查质量责任。

18. 勘察单位可只签认地基与基础分部（子分部）工程。

【答案】正确

【解析】勘察单位可只签认地基基础分部（子分部）工程，由项目负责人亲自签认。

19. 设计单位必须签认所有分部工程。

【答案】错误

【解析】设计单位可只签认地基基础、主体结构及重要安装分部（子分部）工程，由项目负责人亲自签认。

20. 单位工程的表头部分，按分部（子分部）工程的表头要求填写。

【答案】正确

【解析】单位工程的表头部分，按分部（子分部）工程的表头要求填写。

21. 质量控制资料由施工单位和监理单位共同核查。

【答案】错误

【解析】质量控制资料核查由施工单位检查合格，再提交监理单位验收。

22. 安全和主要使用功能资料由施工单位和监理单位共同核查。

【答案】错误

【解析】安全和主要使用功能核查及抽查结果也是由施工单位检查评定合格，再提交验收，由总监理工程师或建设单位项目负责人组织审查，程序内容基本是一致的。

23. 综合验收是指在前四项内容均验收符合要求后进行的验收。

【答案】错误

【解析】综合验收是指在前五项内容均验收符合要求后进行的验收，即按单位（子单位）工程质量竣工验收记录表进行验收。

24. 各单位都同意单位工程验收时，各单位相关人员要亲自签字。

【答案】错误

【解析】勘察单位、设计单位、施工单位、监理单位、建设单位都同意验收时，其各单位的单位项目负责人要亲自签字。

二、单选题

1. 定量项目其余20%，钢结构不能大于（　　）%。
   A. 110　B. 120　C. 130　D. 150

【答案】B

【解析】其余20%按各专业施工质量验收规范规定，不能大于150%，钢结构为120%，就是说有数据的项目，除必须达到规定的数值外，其余可放宽，最大放宽到150%。

2. 施工单位自行检查评定合格后，由（　　）根据执行标准填写检查结果。
   A. 项目经理　B. 项目技术负责人　C. 专业施工员　D. 项目专业质量员

【答案】D

【解析】施工单位自行检查评定合格后，由项目专业质量员根据执行标准填写检查结果。

3. 分项工程验收结论由（　　）填写。
   A. 总监理工程师　B. 专业监理工程师　C. 总监理工程师代表　D. 监理工程师

【答案】B

【解析】分项工程验收由专业监理工程师逐项进行审核并填写验收结论。

4. 分部工程验收结论由（　　）填写。
   A. 总监理工程师　B. 专业监理工程师　C. 总监理工程师代表　D. 监理工程师

【答案】A

【解析】分部工程由总监理工程师组织施工项目经理及有关勘察（地基与基础部分）、

设计（地基与基础及主体结构）单位项目负责人进行验收，并按分部（子部分）工程验收记录表的要求进行记录。

5. 观感验收结论由（　　）填写。
A. 总监理工程师　B. 专业监理工程师　C. 总监理工程师代表　D. 监理工程师

【答案】A

【解析】质量控制资料核查记录表、安全和功能检查资料核查及主要功能抽查记录表、观感质量检查记录表应均由施工单位项目经理和总监理工程师签字。

6. 单位工程验收结论由（　　）填写。
A. 总监理工程师　B. 专业监理工程师　C. 总监理工程师代表　D. 监理工程师

【答案】A

【解析】质量控制资料核查记录表、安全和功能检查资料核查及主要功能抽查记录表、观感质量检查记录表应均由施工单位项目经理和总监理工程师签字。

7. 综合验收结论由（　　）单位填写。
A. 监理　B. 建设　C. 施工　D. 质监

【答案】B

【解析】各栏均同意验收且经各参加检验方共同同意商定后，由建设单位填写"综合验收结论"，可填写为"通过验收"。

三、多选题

1. 施工资料收集后主要审查的内容可分为（　　）。
A. 表头填写　B. 表中填写　C. 表尾填写　D. 资料编制内容　E. 资料报送结论

【答案】ADE

【解析】一般施工资料收集后主要审查的内容可以分为：表头填写、资料编制内容、资料报送结论部分。

2. 企业标准主要应该包括的内容有（　　）。
A. 编制人　B. 批准人　C. 批准时间　D. 执行时间　E. 标准名称及标号

【答案】ABCDE

【解析】企业标准主要应该包括的内容有编制人、批准人、批准时间、执行时间、标准名称及标号。

3. 一般规范上的规定主要可以包括（　　）。
A. 一般规定　B. 基本规定　C. 强制规定　D. 无效规定　E. 选择性规定

【答案】AB

【解析】一般规范上的规定主要可以包括一般规定和基本规定。

4. （　　）应该由本人签字。
A. 专业工长　　　B. 施工班、组长栏目　C. 资料员
D. 城建档案管理员　E. 资料安全管理员

【答案】AB

【解析】专业工长（施工员）和施工班、组长栏目由本人签字，以示承担责任。

5. 监理工程师不同意验收应指出存在问题，明确（　　）。

A. 处理方法　B. 处理程序　C. 处理意见　D. 完成时间　E. 完成人

【答案】CD

【解析】验收结论应注明"同意验收"或"不同意验收"的意见,如同意验收应签字确认,不同意验收请指出存在的问题,明确处理意见和完成时间。

6. 分部（子分部）工程的质量验收应核查（　　）资料。
A. 检验批　　　　　　B. 分项工程　　　　C. 质量控制
D. 安全及功能项目的检测　E. 观感质量的验收

【答案】BCDE

【解析】分部（子分部）工程的质量验收应核查分项工程资料、质量控制资料及安全、功能项目的检测、观感质量的验收。

第十二章 施工资料的处理、存储、检索、传递、追溯、应用

一、判断题

1. 工程资料的处理存储是在资料收集后的必要过程。

【答案】正确

【解析】建设工程资料的处理、存储是在资料收集后的必要管理过程。

2. 资料的检索和传递是在通过对收集的资料进行分类加工处理后，要及时提供给需要使用资料的部门。

【答案】正确

【解析】资料的检索和传递是在通过对收集的资料进行分类加工处理后，要及时提供给需要使用资料的部门。

3. 文件和记录的作用可分为证据、参考、培训教育。

【答案】正确

【解析】文件和记录的作用可分为证据、内部（公司内）和外部的；参考有文件证明的可追溯性系统；培训教育；案例。

二、多选题

1. 信息系统的流程图有（　　）流程图。
A. 业务　B. 工作　C. 工序　D. 数据　E. 数码

【答案】AD

【解析】信息系统的流程图有业务流程图、数据流程图，一般先找到业务流程图，通过绘制业务流程图再进一步绘制数据流程图。

2. 资料传递设计时应了解使用部门的（　　）。
A. 使用目的　B. 使用周期　C. 使用频率　D. 使用范围　E. 数据来源

【答案】ABC

【解析】了解使用部门（人）的使用目的、使用周期、使用频率、得到时间、数据的安全要求。

3. 资料检索设计时应了解（　　）。
A. 检索的范围　B 检索的密级要求　C. 检索的密级划分　D. 密码的管理　E. 信息输出形式

【答案】ACDE

【解析】考虑检索设计的基本要求：(1)允许检索的范围、检索的密级划分、密码管理；(2)检索的信息和数据能否及时、快捷地提供，采用何种手段；(3)提供检索需要的数据和信息输出的形式、能否实现智能检索。

4. 施工资料的追溯是指在施工管理活动中的（　　）的来源和数据均可以有确定的

出处。

　　A. 每一种工艺　B. 每一类材料　C. 每一道工序　D. 每一个环节　E. 每一次活动

【答案】CDE

　　【解析】施工资料的追溯是指在施工管理活动中的每一道工序、每一个环节、每一次活动的来源和数据可以由确定的出处，可以逆向查找到问题的源头。

第十三章 安全保管施工资料

一、判断题

1. 信息必须来自于指定的机构。

【答案】正确

【解析】信息也必须来源于指定的机构，任何人不得将未经许可的媒体或机构的信息转载发布，确保信息来源必须在规定范围内。

2. 发布信息，部门必须登记，方可发布。

【答案】错误

【解析】发布信息，必须有相关领导的批准，部门进行登记，方可发布。

3. 秘密载体失效时应及时予以销毁。

【答案】错误

【解析】秘密载体除正在使用或按照有关规定留存、存档外，应当及时予以销毁。

4. 除新闻媒体已公开发表的信息外，各单位提供的上网信息应确保不涉及其他单位的秘密。

【答案】错误

【解析】除新闻媒体已公开发表的信息外，各单位提供的上网信息应确保不涉及国家秘密。

二、多选题

1. 建筑工程资料宜优先采用计算机管理，使（   ）。
A. 管理规范化 B. 标准化 C. 程序化 D. 模式化 E. 电子信息化

【答案】ABE

【解析】建筑工程资料宜优先采用计算机管理，使管理规范化、标准化和电子信息化。

2. 信息安全主要分（   ）环节。
A. 组织 B. 技术 C. 管理 D. 保存 E. 加密

【答案】BC

【解析】信息安全重要分技术和管理两个大环节，包括信息安全的技术防范、信息的发布审核、信息的检查、信息安全责任制的落实。

3. 涉密载体的销毁范围有（   ）。
A. 日常工作中不再使用的涉密文件 B. 涉密活动清退的文件
C. 已经解密应公开的文件   D. 淘汰的办公设备
E. 报废的办公设备

【答案】ABDE

【解析】涉密载体的销毁范围：（1）日常工作中不再使用的涉密文件、资料；（2）淘汰、报废或者按照规定不得继续使用的处理过的计算机等；（3）涉密会议和涉密活动清退的文件、资料；（4）领导干部和涉密人员离岗时请退的秘密文件；（5）已经解密但不宜公开的文件、资料；（6）经批准可复制使用的涉密文件、资料的复制品；（7）其他需要销毁的涉密载体。

第十四章 施工资料立卷、归档、验收与移交

一、判断题

1. 工程文件按单位工程立卷。

【答案】正确

【解析】一个建设工程由多个单位工程组成时,工程文件按单位工程立卷。

2. 卷内资料排列顺序一般为封面、目录、文件部分、备考表、封底。

【答案】正确

【解析】卷内资料排列顺序要依据卷内的资料构成而定,一般顺序为封面、目录、文件部分、备考表、封底。

3. 案卷不宜过厚,一般不超过50mm。

【答案】错误

【解析】案卷不宜过厚,一般不超过40mm。

4. 案卷内不应有重份文件。

【答案】正确

【解析】案卷内不应有重份文件,不同载体的文件一般应分别组卷。

5. 文字材料按事项、专业、时间顺序排列。

【答案】错误

【解析】文字材料按事项、专业顺序排列。

6. 卷内图纸文件应按文字材料在前,图纸在后的顺序排列。

【答案】正确

【解析】有文字材料又有图纸的案卷,文字材料排前,图纸排后。

7. 档号应由分类号、项目号和案卷号组成。

【答案】正确

【解析】档号应由分类号、项目号和案卷号组成。

8. 案卷封面卷内目录卷内备考表不编写页号。

【答案】正确

【解析】案卷封面卷内目录卷内备考表不编写页号。

二、单选题

1. 将有保存价值的文件分门别类整理成案卷,称为(   )。
A. 备案 B. 归档 C. 立卷 D. 移交

【答案】C

【解析】立卷是指按照一定的原则和方法,将有保存价值的文件分门别类整理成卷,亦称组卷。

2. 将有保存价值的文件送交城建档案馆,称为(   )。

A. 备案　B. 归档　C. 立卷　D. 移交

【答案】B

【解析】归档指文件形成但未完成其工作任务后，将形成的文件整理立卷后，按规定移交相关管理机构。

3. 将有保存价值的文件送交质监单位，称为（　　）。
A. 备案　B. 归档　C. 立卷　D. 移交

【答案】A

【解析】将有保存价值的文件送交质监单位，称为备案。

4. 将有保存价值的文件送交建设单位，称为（　　）。
A. 备案　B. 归档　C. 立卷　D. 移交

【答案】D

【解析】施工资料的移交是施工单位、监理单位等有关单位应在工程竣工验收前将工程档案按合同或协议规定的时间、套数移交给建设单位，办理移交手续。

三、多选题

1. 施工文件可按（　　）组卷。
A. 单位工程　B. 分项工程　C. 分部工程　D. 专业　E. 阶段

【答案】ACDE

【解析】施工文件可按单位工程、分部工程、专业、阶段等组卷，竣工验收文件按单位工程、专业组卷。

2. 卷内备考表的编制应符合下列规定（　　）。
A. 式样应符合《建设工程文件归档整理规范》的规定
B. 标明立卷单位对案卷情况的说明
C. 标明文件的总页数
D. 标明各类文件页数
E. 备考表排列在卷内文件的首页

【答案】ABCD

【解析】卷内备考表的编制应符合下列规定：（1）式样应符合《建设工程文件归档整理规范》的规定；（2）标明立卷单位对案卷情况的说明、标明文件的总页数、标明各类文件页数；（3）卷内备考表排列在卷内文件的尾页之后。

3. 资料的密级分为（　　）。
A. 特密　B. 绝密　C. 机密　D. 秘密　E. 决密

【答案】BCD

【解析】密级分为绝密、机密、秘密三种。

4. 卷盒背脊厚度为（　　）mm。
A. 20　B. 30　C. 40　D. 50　E. 60

【答案】ABCD

【解析】卷盒的外表尺寸为310mm×220mm，厚度分别为20mm、30mm、40mm、50mm。

5. 卷盒背脊的内容包括（　　）。

A. 档号　B. 案卷题名　C. 分类号　D. 页码起止号　E. 密级

【答案】AB

【解析】案卷脊背的内容包括档号、案卷题名。

6. 工程文件应采用耐久性强的书写材料，如（　　）。
A. 碳素墨水　B. 纯蓝墨水　C. 蓝黑墨水　D. 圆珠笔　E. 复写纸

【答案】AC

【解析】工程文件应采用耐久性强的书写材料，如碳素墨水、蓝黑墨水，不得使用易褪色的书写材料。

7. 凡施工图结构、工艺、平面布置等有（　　）的应当重新绘制竣工图。
A. 特别重大改变　　　　　B. 重大改变　　C. 建设单位有特殊要求的
D. 变更部分超过图面的1/4　E. 变更部分超过图面的1/3

【答案】BE

【解析】利用施工图改绘竣工图，必须标明变更修改依据；凡施工图结构、工艺、平面布置等有重大改变，或变更的部分超过图面1/3的，应当重新绘制竣工图。

8. 工程资料移交应符合下列（　　）规定。
A. 施工单位向监理单位移交
B. 施工单位向建设单位移交
C. 专业承包单位向施工总承包单位移交
D. 专业承包单位向建设单位移交
E. 专业承包单位向监理单位移交

【答案】BC

【解析】工程资料移交应符合下列规定：（1）施工单位应向建设单位移交施工资料。（2）实行施工总承包的，各专业承办单位应向施工总承包单位移交施工资料。（3）监理单位应向建设单位移交监理资料。（4）工程资料移交时应及时办理相关移交手续，填写工程资料移交书、移交目录。（5）建设单位应按国家有关规定和标准的规定向城建档案管理部门移交工程档案，并办理相关手续。有条件时，向城建档案管理部门移交的工程档案应为原件。

第十五章　建立项目施工资料计算机辅助管理平台

一、判断题

1. 施工企业都是依据各级建设行政主管部门上报资料的格式要求选择软件产品。

【答案】正确

【解析】施工企业都是依据各级建设行政主管部门上报资料的格式要求选择软件产品。

二、单选题

1. 搭建局域网络通常以（　　）M 交换为核心。
A. 80　　B. 90　　C. 100　　D. 110

【答案】C

【解析】为了简化网络的日常维护及项目部局域网应用较为简单的特点，通常都选择对等网络结构，以 100M 交换为核心，搭建局域网。

2. 将项目部（　　）设为一样，可以使用默认的 WORKGROUP 设置。
A. 工作群　　B. 工作单元　　C. 工作组　　D. 工作核心

【答案】C

【解析】同一个局域网中不能有相同的计算机名称，将项目部的工作组设为一体，也可以使用默认的 WORKGROUP 设置。

3. （　　）协议是 Internet 信息交换规则、规范的集合。
A. TUP/IP　　B. TUP/CP　　C. TCP/IP　　D. TCP/CP

【答案】C

【解析】TCP/IP 协议是 Internet 信息交换规则、规范的集合。

三、多选题

1. 工程资料管理软件平台主要包括（　　）。
A. 计算机操作系统　　B. 杀毒软件　　C. 办公软件　　D. 绘图软件　　E. 项目管理软件

【答案】ABCDE

【解析】工程资料管理软件平台主要包括计算机操作系统、杀毒软件、办公软件、绘图软件、项目管理软件。

第十六章　应用专业软件进行施工资料的处理

一、判断题

1. 使用软件时，开始都很正常，突然软件能编辑但不能保存应该看软件锁是否插好。

【答案】正确

【解析】使用软件时，开始都很正常，突然软件能编辑但不能保存应该看软件锁是否插好。

二、单选题

1. PKPM 软件安装以手动方式运行光盘目录下的（　　）应用程序。
A. CMIS.exe　　B. CMLS.com　　C. CNIS.exe　　D. CMIS.com

【答案】A

【解析】PKPM 软件安装以手动方式运行光盘目录下的 CMIS.exe 应用程序。

第十七章 建筑工程资料管理专业技能案例

一、单选题

1. 工程概况表的编号为（ ）。
A. 00-00-C2　B. 00-00-C1　C. 01-01-C2　D. 01-01-C1

【答案】B

【解析】属于单位工程整体管理内容的资料，编号中的分部、子分部工程代号可用"00"代替。工程概况表属于C1施工管理资料。

2. 见证记录按（ ）列分目录。
A. 检测项目　B. 专业归类　C. 事项　D. 分项

【答案】A

【解析】见证记录按检测项目列分目录。

3. 强度严密性试验记录检测报告按（ ）列细目录。
A. 非承压系统　B. 承压系统　C. 系统　D. 类别

【答案】B

【解析】强度严密性试验记录检测报告按承压系统列细目录。

4. 通水试验记录检测报告按（ ）列细目录。
A. 非承压系统　B. 承压系统　C. 系统　D. 分项

【答案】D

【解析】通水试验记录检测报告按分项列细目录。

5. 工程概况表资料来源单位为（ ）单位。
A. 施工　B. 供货　C. 检测　D. 监理

【答案】A

【解析】工程概况表资料来源单位为施工单位。

6. 建筑工程质量事故调查报告书资料来源单位为（ ）单位。
A. 施工　B. 调查　C. 检测　D. 监理

【答案】B

【解析】建筑工程质量事故调查报告书资料来源单位为调查单位。

7. 见证记录资料来源单位为（ ）单位。
A. 施工　B. 供货　C. 检测　D. 监理

【答案】D

【解析】见证记录资料来源单位为监理单位。

8. 监理工程师通知回复单资料来源单位为（ ）单位。
A. 施工　B. 供货　C. 检测　D. 监理

【答案】A

【解析】监理工程师通知回复单资料来源单位为施工单位。

9. 设计变更通知单资料来源单位为（　　）单位。
   A. 施工　B. 设计　C. 检测　D. 监理

【答案】B

【解析】设计变更通知单资料来源单位为设计单位。

10. 工程洽商记录资料来源单位为（　　）单位。
    A. 施工　B. 供货　C. 提出　D. 监理

【答案】C

【解析】工程洽商记录资料来源单位为提出单位。

11. 出厂质量证明文件资料来源单位为（　　）单位。
    A. 施工　B. 供货　C. 检测　D. 监理

【答案】B

【解析】出厂质量证明文件资料来源单位为供货单位。

12. 检测报告资料来源单位为（　　）单位。
    A. 施工　B. 供货　C. 检测　D. 监理

【答案】B

【解析】检测报告资料来源单位为供货单位。

13. 合格证资料来源单位为（　　）单位。
    A. 施工　B. 供货　C. 检测　D. 监理

【答案】B

【解析】合格证资料来源单位为供货单位。

14. 安装使用说明书资料来源单位为（　　）单位。
    A. 施工　B. 供货　C. 检测　D. 监理

【答案】B

【解析】安装使用说明书资料来源单位为供货单位。

15. 商检证明文件资料来源单位为（　　）单位。
    A. 施工　B. 供货　C. 检测　D. 监理

【答案】B

【解析】商检证明文件资料来源单位为供货单位。

16. 3C标志资料来源单位为（　　）单位。
    A. 施工　B. 供货　C. 检测　D. 监理

【答案】B

【解析】3C标志资料来源单位为供货单位。

17. 材料进场检验记录资料来源单位为（　　）单位。
    A. 施工　B. 供货　C. 检测　D. 监理

【答案】A

【解析】材料进场检验记录资料来源单位为施工单位。

18. 设备及管道附件试验记录资料来源单位为（　　）单位。
    A. 施工　B. 供货　C. 检测　D. 监理

【答案】A

【解析】设备及管道附件试验记录资料来源单位为施工单位。

19. 设备开箱检查记录资料来源单位为（　　）单位。
A. 施工　B 供货　C. 检测　D. 监理

【答案】A

【解析】设备开箱检查记录资料来源单位为施工单位。

20. 防水卷材料试验报告资料来源单位为（　　）单位。
A. 施工　B. 供货　C. 检测　D. 监理

【答案】C

【解析】防水卷材料试验报告资料来源单位为检测单位。

21. 水泥试验报告资料来源单位为（　　）单位。
A. 施工　B. 供货　C. 检测　D. 监理

【答案】C

【解析】水泥试验报告资料来源单位为检测单位。

22. 砂试验报告资料来源单位为（　　）单位。
A. 施工　B 供货　C. 检测　D. 监理

【答案】C

【解析】砂试验报告资料来源单位为检测单位。

23. 碎卵石试验报告资料来源单位为（　　）单位。
A. 施工　B. 供货　C. 检测　D. 监理

【答案】C

【解析】碎卵石试验报告资料来源单位为检测单位。

24. 外加剂试验报告资料来源单位为（　　）单位。
A. 施工　B. 供货　C. 检测　D. 监理

【答案】C

【解析】外加剂试验报告资料来源单位为检测单位。

25. 防水涂料试验报告资料来源单位为（　　）单位。
A. 施工　B. 供货　C. 检测　D. 监理

【答案】C

【解析】防水涂料试验报告资料来源单位为检测单位。

26. 预应力筋复试报告资料来源单位为（　　）单位。
A. 施工　B. 供货　C. 检测　D. 监理

【答案】C

【解析】预应力筋复试报告资料来源单位为检测单位。

27. 装饰装修用门窗试验报告资料来源单位为（　　）单位。
A. 施工　B. 供货　C. 检测　D. 监理

【答案】C

【解析】装饰装修用门窗试验报告资料来源单位为检测单位。

28. 钢结构焊接材料试验报告资料来源单位为（　　）单位。
A. 施工　B. 供货　C. 检测　D. 监理

【答案】C

【解析】钢结构焊接材料试验报告资料来源单位为检测单位。

29. 节能工程材料试验报告资料来源单位为（　　）单位。
A. 施工　B. 供货　C. 检测　D. 监理

【答案】C

【解析】节能工程材料试验报告资料来源单位为检测单位。

30. 基槽验线记录资料来源单位为（　　）单位。
A. 施工　B. 设计　C. 检测　D. 监理

【答案】A

【解析】基槽验线记录资料来源单位为施工单位。

31. 沉降观测记录资料来源单位为（　　）单位。
A. 监理　B. 设计　C. 委托　D. 施工

【答案】C

【解析】沉降观测记录资料来源单位为委托单位。

32. 放线记录资料来源单位为（　　）单位。
A. 监理　B. 设计　C. 委托　D. 施工

【答案】D

【解析】放线记录资料来源单位为施工单位。

33. 地基钎探记录资料来源单位为（　　）单位。
A. 监理　B. 设计　C. 勘察　D. 施工

【答案】C

【解析】地基钎探记录资料来源单位为勘察单位。

34. 预拌混凝土运输单记录资料来源单位为（　　）单位。
A. 施工　B. 监理　C. 检测　D. 供货

【答案】D

【解析】预拌混凝土运输单记录资料来源单位为供货单位。

35. 混凝土养护测温记录资料来源单位为（　　）单位。
A. 施工　B. 设计　C. 检测　D. 监理

【答案】A

【解析】混凝土养护测温记录资料来源单位为施工单位。

36. 地下工程防水效果检查记录资料来源单位为（　　）单位。
A. 施工　B. 设计　C. 检测　D 监理

【答案】A

【解析】地下工程防水效果检查记录资料来源单位为施工单位。

37. 钢结构施工记录资料来源单位为（　　）单位。
A. 监理　B. 设计　C. 检测　D. 施工

【答案】D

【解析】钢结构施工记录资料来源单位为施工单位。

38. 木结构施工记录资料来源单位为（　　）单位。

A. 施工　B. 设计　C. 检测　D. 监理

【答案】A

【解析】木结构施工记录资料来源单位为施工单位。

39. 基槽验线记录资料来源单位为（　　）单位。
A. 施工　B. 设计　C. 检测　D. 监理

【答案】A

【解析】基槽验线记录资料来源单位为施工单位。

40. 玻璃幕墙施工记录资料来源单位为（　　）单位。
A. 监理　B. 设计　C. 检测　D. 施工

【答案】D

【解析】玻璃幕墙施工记录资料来源单位为施工单位。

41. 网架索膜施工记录资料来源单位为（　　）单位。
A. 监理　B. 设计　C. 检测　D. 施工

【答案】D

【解析】网架索膜施工记录资料来源单位为施工单位。

42. 土工击实试验报告资料来源单位为（　　）单位。
A. 施工　B. 设计　C. 检测　D. 监理

【答案】C

【解析】土工击实试验报告资料来源单位为检测单位。

43. 回填土试验报告资料来源单位为（　　）单位。
A. 施工　B. 设计　C. 检测　D. 监理

【答案】C

【解析】回填土试验报告资料来源单位为检测单位。

44. 钢筋机械连接试验报告资料来源单位为（　　）单位。
A. 检测　B. 设计　C. 施工　D. 监理

【答案】A

【解析】钢筋机械连接试验报告资料来源单位为检测单位。

45. 施工检测计划由（　　）编制。
A. 项目负责人　B. 项目技术总工　C. 施工单位总工　D. 总监理工程师

【答案】A

【解析】施工检测计划由项目负责人编制。

46. 技术交底由（　　）编制。
A. 施工员　B. 项目技术负责人　C. 质量员　D. 交底人

【答案】D

【解析】技术交底由交底人编制。

47. 图纸会审记录由（　　）编制。
A. 施工员　B. 项目技术负责人　C. 质量员　D. 技术专业负责人

【答案】D

【解析】图纸会审记录由技术专业负责人编制。

48. 工程洽商记录由（ ）编制。
   A. 施工员   B. 项目技术负责人   C. 质量员   D. 技术专业负责人

   【答案】D

   【解析】工程洽商记录由技术专业负责人编制。

49. 工程开工报审表由（ ）编制。
   A. 施工员   B. 项目技术负责人   C. 质量员   D. 项目经理

   【答案】D

   【解析】工程开工报审表由项目经理编制。

50. 人工动态表由（ ）编制。
   A. 施工员   B. 劳务员   C. 机械员   D. 材料员

   【答案】B

   【解析】人工动态表由劳务员编制。

51. 工程概况表由（ ）签字。
   A. 项目负责人   B. 专业监理工程师   C. 专业质量员   D. 项目经理

   【答案】D

   【解析】工程概况表由项目经理签字。

52. 施工检测计划由（ ）签字。
   A. 项目负责人   B. 专业监理工程师   C. 专业质量员   D. 项目经理

   【答案】B

   【解析】施工检测计划由专业监理工程师签字。

53. 工程款支付申请表由（ ）签字。
   A. 项目负责人   B. 专业监理工程师   C. 总监理工程师   D. 项目经理

   【答案】C

   【解析】工程款支付申请表由总监理工程师签字。

54. 轿厢平面层准确度测试记录按（ ）列分目录。
   A. 道   B. 检验批   C. 部   D. 类

   【答案】A

   【解析】轿厢平面层准确度测试记录按道列分目录。

55. 检验批质量验收记录按（ ）列分目录。
   A. 部位   B. 检验批   C. 子分部   D. 分项

   【答案】D

   【解析】检验批质量验收记录按分项列分目录。

56. 分项工程质量验收记录按（ ）列分目录。
   A. 分部   B. 检验批   C. 子分部   D. 分项

   【答案】C

   【解析】分项工程质量验收记录按子分部列分目录。

57. 给水排水系统分项工程质量验收记录按（ ）列分目录。
   A. 部位   B. 检验批   C. 子分部   D. 分项

   【答案】B

【解析】给水排水系统分项工程质量验收记录按检验批列分目录。

58. 电气接地装置平面示意图表按（　　）列细目录。
   A. 分部　　B. 检验批　　C. 子分部　　D. 分项

【答案】B

【解析】电气接地装置平面示意图表按检验批列细目录。

59. 综合布线测试记录按（　　）列细目录。
   A. 分部　　B. 检验批　　C. 子分部　　D. 分项

【答案】B

【解析】综合布线测试记录按检验批列细目录。

60. 检验批质量验收记录按（　　）列细目录。
   A. 部位　　B. 检验批　　C. 子分部　　D. 分项

【答案】B

【解析】检验批质量验收记录按检验批列细目录。

61. 分项工程质量验收记录按（　　）列细目录。
   A. 分部　　B. 检验批　　C. 子分部　　D. 分项

【答案】D

【解析】分项工程质量验收记录按分项列细目录。

62. 钢筋原材料送检按（　　）列细目录。
   A. 分部　　B. 检验批　　C. 子分部　　D. 分项

【答案】B

【解析】钢筋原材料送检按检验批列细目录。

63. 钢材试验报告按（　　）列细目录。
   A. 规格、型号　　B. 检验批　　C. 子分部　　D. 分项

【答案】A

【解析】钢材试验报告按规格、型号列细目录。

二、多选题

1. 专家论证表应由（　　）审核、审批、签字。
   A. 编写人　　B. 项目技术负责人　　C. 项目经理　　D. 专家　　E. 组长

【答案】DE

【解析】专家论证表应由专家和组长审核、审批、签字。

2. 混凝土养护测温记录应由（　　）审核、审批、签字。
   A. 施工员　　B. 技术负责人　　C. 项目经理　　D. 专业工长　　E. 质量员

【答案】BDE

【解析】混凝土养护测温记录应由技术负责人、专业工长和质量员审核、审批、签字。

3. 自动扶梯安装质量检查记录应由（　　）审核、审批、签字。
   A. 专业工长　　B. 施工技术负责人　　C. 专业监理工程师
   D. 专业技术负责人　　E. 项目经理

【答案】CD

【解析】自动扶梯安装质量检查记录应由专业监理工程师和专业技术负责人审核、审批、签字。

4. 绝缘电阻测试记录应由（   ）审核、审批、签字。
   A. 专业工长   B. 施工技术负责人   C. 专业工程师
   D. 专业技术负责人   E. 项目经理

【答案】ACD

【解析】绝缘电阻测试记录应由专业工长、专业工程师和专业技术负责人审核、审批、签字。

5. 结构实体混凝土强度检查记录应由（   ）审核、审批、签字。
   A. 专业工长   B. 施工技术负责人   C. 专业监理工程师
   D. 项目技术负责人   E. 项目经理

【答案】CD

【解析】结构实体混凝土强度检查记录应由专业监理工程师和项目技术负责人审核、审批、签字。

6. 强度严密性试验记录应由（   ）审核、审批、签字。
   A. 专业工长   B. 施工技术负责人   C. 专业监理工程师
   D. 专业技术负责人   E. 项目经理

【答案】ACD

【解析】强度严密性试验记录应由专业工长、专业监理工程师和专业技术负责人审核、审批、签字。

资料员岗位知识与专业技能试卷

一、判断题（共20题，每题1分）

1. 参加工程施工质量验收的各方人员必须具备规定的资格。
【答案】（   ）

2. 智能建筑子分部中的各个分项工程的检验批，应按规范划分检验批。
【答案】（   ）

3. 建设工程项目管理，是指从事工程项目管理的企业，受工程项目业主方委托，对工程建设全过程或分阶段进行专业化管理和服务活动。
【答案】（   ）

4. 细部子分部每部楼梯应划分为一个检验批。
【答案】（   ）

5. 凡在我国境内新建、扩建、改建各类房屋建筑工程以及市政基础设施工程都实行竣工验收备案制度。
【答案】（   ）

6. 建设工程归档文件是指在工程建设过程中形成的各种形式的信息记录。
【答案】（   ）

7. 施工资料按照《建设工程文件归档整理规范》可分为五大类。
【答案】（   ）

8. 归档的文件必须经过分类整理，并应组成符合要求的案卷。
【答案】（   ）

9. 建筑业统计的对象是建筑业生产经营活动的数量表现。
【答案】（   ）

10. 应加强对计算机及其他信息设备的使用管理，凡涉及保密资料的电子设备、通信和办公自动化系统均应符合保密要求。
【答案】（   ）

11. 依据《建筑工程质量验收统一标准》确定施工项目的分部、分项、检验批。
【答案】（   ）

12. 对接受的保密文件，要严格按保密规定妥善收存，并认真执行密级文件资料的借阅规定。
【答案】（   ）

13. 上级主管机关所发的文件由档案资料室统一接收。
【答案】（   ）

14. 资料员指导项目经理收发文件。
【答案】（   ）

15. 工程名称栏应填写工程名称的全称。

16. 工程资料的处理存储是在资料收集后的必要过程。

【答案】(   )

17. 信息必须来自于指定的机构。

【答案】(   )

18. 工程文件按单位工程立卷。

【答案】(   )

19. 施工企业都是依据各级建设行政主管部门上报资料的格式要求选择软件产品。

【答案】(   )

20. 使用软件时,开始都很正常,突然软件能编辑但不能保存应该看软件锁是否插好。

【答案】(   )

二、单选题（共 40 题,每题 1 分）

1. 隐蔽工程在隐蔽前应由（   ）单位通知有关单位进行验收,并应形成验收文件。
 A. 施工 B. 设计 C. 监理 D. 建设

【答案】(   )

2. 装配式结构属于（   ）子分部工程。
 A. 木结构 B. 混凝土结构 C. 钢结构 D. 砌体结构

【答案】(   )

3. 编码为 B1 的监理资料是（   ）资料。
 A. 监理管理 B. 合同管理 C. 质量控制 D. 进度控制

【答案】(   )

4. （   ）是针对某些特别重要的技术复杂的,或采用"四新"的分部（分项）工程为对象编制的。
 A. 专项方案 B. 技术交底 C. 专项施工组织设计 D. 施工方案

【答案】(   )

5. （   ）的危险性较大的分部（分项）工程,还应组织专家论证。
 A. 超过一定规模 B. 特别重要 C. 较重要 D. 重要

【答案】(   )

6. 具备一定规模的危险性较大的分部（分项）工程的专项施工方案论证专家人数不少于（   ）人。
 A. 3 B. 5 C. 7 D. 9

【答案】(   )

7. 同一品种的裱糊或软包工程,大面积房间和走廊按涂饰面积（   ）为一间,50 间应划分为一个检验批。
 A. 10m² B. 20m² C. 30m² D. 40m²

【答案】(   )

8. 分部工程验收的在（   ）工程基础上进行。
 A. 单位 B. 子单位 C. 分部 D. 分项

9. 项目管理实施规划由（　　）组织编制。
   A. 项目技术负责人　B. 项目经理　C. 施工员　D. 资料员

【答案】（　　）

10. 检验批和分项工程应由（　　）组织施工单位项目专业质量（技术）负责人等进行验收。
    A. 总监理工程师　B. 总监理工程师代表　C. 专业监理工程师　D. 监理工程师

【答案】（　　）

11. 项目经理是企业法定代表人的（　　）代理人。
    A. 指定　B. 法定　C. 委托　D. 表见

【答案】（　　）

12. 编码为 B2 的监理资料是（　　）资料。
    A. 项目管理　B. 合同管理　C. 质量控制　D. 进度控制

【答案】（　　）

13. 单位工程质量验收合格后，（　　）单位应将有关资料报建设行政主管部门备案。
    A. 建设　B. 监理　C. 设计　D. 施工

【答案】（　　）

14. 单位工程质量验收合格（　　）日内应将有关资料报建设行政主管部门备案。
    A. 7　B. 15　C. 28　D. 30

【答案】（　　）

15. 建设工程归档文件是指在工程建设过程中形成的各种形式的信息记录，主要不包括（　　）。
    A. 工程准备阶段文件　B. 监理文件　C. 施工文件　D. 变更图

【答案】（　　）

16. 编码为 A3 的资料是（　　）资料。
    A. 项目建议书　B. 选址意见书　C. 勘察报告　D. 施工合同

【答案】（　　）

17. 检验批检查评定结果由（　　）填写。
    A. 单位（项目）负责人　B. 项目经理
    C. 项目专业质量员　　　D. 项目专业技术负责人

【答案】（　　）

18. 根据相关规定，工程施工资料整理后应该向（　　）移交。
    A. 建设单位　B. 施工单位　C. 监理单位　D. 质检单位

【答案】（　　）

19. 施工资料编码③为（　　）编号。
    A. 分部　B. 子分部　C. 类别　D. 顺序

【答案】（　　）

20. 涉及结构安全的试块（试件）和材料见证取样和送检的比例不得低于有关技术标准中规定应取样数量的（　　）。

A. 10%　B. 20%　C. 30%　D. 40%

【答案】（　　）

21. 施工单位填写的单位（子单位）工程竣工预验收报验表应一式（　　）份。
A. 二　B. 三　C. 四　D. 五

【答案】（　　）

22. 施工生产任务预计完成情况是（　　）报表。
A. 项目部上报公司　B. 项目部内部管理　C. 项目部上报甲方　D. 项目部上报监理

【答案】（　　）

23. 各资料科（室）每年定期对存档资料安全保管情况进行（　　）的安全性抽样检查。
A. 10%　B. 20%　C. 30%　D. 40%

【答案】（　　）

24. 资料室温度应控制在（　　）℃。
A. 10~20　B. 12~22　C. 14~24　D. 16~26

【答案】（　　）

25. （　　）负责工程项目的资料档案管理、计划、统计管理及内业管理工作。
A. 资料员　B. 安全员　C. 质量员　D. 施工员

【答案】（　　）

26. 施工单位技术管理资料管理流程有①内部审批②部门审核③批复④实施（　　）。
A. ①②③④　B. ②①③④　C. ②③①④　D. ③①②④

【答案】（　　）

27. 工程资料 A 类文件为（　　）文件。
A. 工程准备阶段　B. 施工资料　C. 监理资料　D. 竣工图

【答案】（　　）

28. 监理规划的编号为（　　）。
A. 00-00-B2　B. 00-00-B1　C. 01-01-B2　D. 01-01-B1

【答案】（　　）

29. 施工组织设计由（　　）审批。
A. 项目负责人　B. 项目技术总工　C. 施工单位总工　D. 总监理工程师

【答案】（　　）

30. 分部工程质量检查记录由（　　）填写。
A. 项目经理　B. 专业监理工程师　C. 资料员　D. 项目专业质量员

【答案】（　　）

31. 负责试验报告单的验证确认是（　　）的资料管理职责。
A. 项目经理　B. 项目技术负责人　C. 专业施工员　D. 项目专业质量员

【答案】（　　）

32. 定量项目其余20%，钢结构不能大于（　　）。
A. 110%　B. 120%　C. 130%　D. 150%

【答案】（　　）

33. 综合验收结论由（　　）单位填写。
  A. 监理　B. 建设　C. 施工　D. 质监
　　　　　　　　　　　　　　　　　　　　　　　【答案】（　　）

34. 钢材试验报告按（　　）列细目录。
  A. 规格、型号　B. 检验批　C. 子分部　D. 分项
　　　　　　　　　　　　　　　　　　　　　　　【答案】（　　）

35. 工程概况表资料来源单位为（　　）单位。
  A. 施工　B. 供货　C. 检测　D. 监理
　　　　　　　　　　　　　　　　　　　　　　　【答案】（　　）

36. 屋面卷材防水保温层验收记录资料的编号为（　　）。
  A. 04-01-C6　B. 04-01-C7　C. 03-06-C7　D. 03-05-C4
　　　　　　　　　　　　　　　　　　　　　　　【答案】（　　）

37. 搭建局域网络通常以（　　）交换为核心。
  A. 80M　B. 90M　C. 100M　D. 110M
　　　　　　　　　　　　　　　　　　　　　　　【答案】（　　）

38. 将项目部（　　）设为一样，可以使用默认的 WORKGROUP 设置。
  A. 工作群　B. 工作单元　C. 工作组　D. 工作核心
　　　　　　　　　　　　　　　　　　　　　　　【答案】（　　）

39. PKPM 软件安装以手动方式运行光盘目录下的（　　）应用程序。
  A. CMIS.exe　B. CMLS.com　C. CNIS.exe　D. CMIS.com
　　　　　　　　　　　　　　　　　　　　　　　【答案】（　　）

40. 平面放线记录由（　　）签字。
  A. 项目负责人　B. 专业监理工程师　C. 专业质量员　D. 项目经理
　　　　　　　　　　　　　　　　　　　　　　　【答案】（　　）

三、多选题（共20题，每题2分，选错项不得分，选不全得1分）

1. 建筑工程施工应符合（　　）的要求。
  A. 招标文件　B. 投标文件　C. 设计文件　D. 勘察文件　E. 施工合同
　　　　　　　　　　　　　　　　　　　　　　　【答案】（　　）

2. 钢筋分项包括（　　）分项。
  A. 原材料　B. 加工　C. 连接　D. 安装　E. 检测
　　　　　　　　　　　　　　　　　　　　　　　【答案】（　　）

3. 地面的类型有（　　）面层。
  A. 整体　B. 板块　C. 木竹　D. 砖　E. 复合
　　　　　　　　　　　　　　　　　　　　　　　【答案】（　　）

4. 吊顶包括（　　）吊顶分项。
  A. 明龙骨　B. 暗龙骨　C. 木龙骨　D. 轻钢龙骨　E. 异型龙骨
　　　　　　　　　　　　　　　　　　　　　　　【答案】（　　）

5. 在信息计划的实施中，应该（　　），从而可以不断改进信息管理工作。

A. 定期检查信息的有效性　　B. 检查信息成本　　　C. 核实造价控制资料
D. 管理合同控制资料　　　E. 检查信息的真实性
【答案】（　　）

6. 施工图设计文件审查通知书及审查报告归档保存的单位是（　　）单位。
A. 施工　B. 监理　C. 建设　D. 城建档案馆　E. 设计
【答案】（　　）

7. 建设单位 A 类资料包括（　　）。
A. 决策立项文件　　　B. 施工资料文件　C. 建设用地文件
D. 招投标与合同文件　E. 开工文件
【答案】（　　）

8. 统计基础工作规范化管理的基本特点为（　　）的形成必须有严格的工作程序。
A. 原始凭证　B. 原始记录　C. 统计台账　D. 统计报表　E. 统计核算
【答案】（　　）

9. 资料安全管理工作的内容包括资料（　　）。
A. 安全管理流程　B. 安全管理职责　C. 实体安全管理
D. 信息安全管理　E. 库房安全管理
【答案】（　　）

10. 打印过的废纸和校对底稿应及时（　　）。
A. 更新　B. 清理　C. 销毁　D. 丢掉
【答案】（　　）

11. 属于技术管理资料的是（　　）。
A. 工程概况表　B. 施工日记　C. 施工组织设计　D. 见证记录　E. 施工检测计划
【答案】（　　）

12. 监理（建设）单位审核原材料检验单时应按（　　）处理。
A. 合同　　　　　　　　　　B. 材料进场检验报告　C. 规范
D. 原材料/半成品/构配件报验申请表　E. 材料试验报告
【答案】（　　）

13. 单位工程预验收时应形成（　　）资料。
A. 质量控制资料核查表　　B. 安全和功能检验资料及主要功能核查记录
C. 施工工程总结　　　　　D. 竣工验收报告
E. 单位工程验收记录及相关资料
【答案】（　　）

14. 施工现场专业人员工作责任按规定分为（　　）层次。
A. 策划　B. 执行　C. 负责　D. 参与　E. 实施
【答案】（　　）

15. 工程准备阶段文件、工程竣工文件宜按《建筑工程资料管理规程》中规定的（　　）顺序编号。
A. 单位　B. 形成时间　C. 分部　D. 子分部　E. 类别
【答案】（　　）

16. 档案室应建立（　　）登记账。
A. 总　B. 子　C. 分　D. 细　E. 专用
【答案】（　　）

17. 施工资料交底的近外层对象包括（　　）。
A. 质监站　B. 安监站　C. 建设单位　D. 项目经理　E. 项目技术负责人
【答案】（　　）

18. 施工资料收集后主要审查的内容可分为（　　）。
A. 表头填写　B. 表中填写　C. 表尾填写　D. 资料编制内容　E. 资料报送结论
【答案】（　　）

19. 工程资料移交应符合下列（　　）规定。
A. 施工单位向监理单位移交
B. 施工单位向建设单位移交
C. 专业承包单位向施工总承包单位移交
D. 专业承包单位向建设单位移交
E. 专业承包单位向监理单位移交
【答案】（　　）

20. 工程资料管理软件平台主要包括（　　）。
A. 计算机操作系统　B. 杀毒软件　C. 办公软件　D. 绘图软件　E. 项目管理软件
【答案】（　　）

资料员岗位知识与专业技能试卷答案与解析

一、判断题（共20题，每题1分）

1. 错误
【解析】参加工程施工质量验收的各方人员应具备规定的资格。没有强调必须。

2. 错误
【解析】分部（子分部）工程、分项工程、检验批划分及代号索引表格当中分部工程代号07，智能建筑检验批划分规定。

3. 正确
【解析】建设工程项目管理，是指从事工程项目管理的企业，受工程项目业主方委托，对工程建设全过程或分阶段进行专业化管理和服务活动。

4. 正确
【解析】分部（子分部）工程、分项工程、检验批划分及代号索引表格当中分部工程代号03，子分部工程代号10。

5. 正确
【解析】凡在我国境内新建、扩建、改建各类房屋建筑工程以及市政基础设施工程都实行竣工验收备案制度。

6. 正确
【解析】建设工程归档文件是指在工程建设过程中形成的各种形式的信息记录，包括工程准备阶段文件、监理文件、施工文件、竣工图和竣工验收文件。

7. 正确
【解析】建筑工程资料按照收集和整理单位不同分为建设单位的工程准备阶段文件、监理单位文件、施工单位文件、竣工图和工程竣工文件五大类。

8. 正确
【解析】文件材料归档范围应符合《建设工程文件归档整理规范》GB/T 50328—2001的规定。文件材料的质量应符合建设工程资料归档的质量要求。归档的文件必须经过分类整理，并应组成符合要求的案卷。

9. 正确
【解析】建筑业统计的对象是建筑业生产经营活动的数量表现。

10. 正确
【解析】应加强对计算机及其他信息设备的使用管理，凡涉及保密资料的电子设备、通信和办公自动化系统均应符合保密要求。

11. 正确
【解析】编制资料收集目录工作流程为：熟悉施工图、工程量清单、施工组织设计及《建筑工程质量验收统一标准》确定实施工程项目的分部、分项、检验批。

12. 正确

【解析】对接受的保密文件,要严格按保密规定妥善收存,并认真执行密级文件资料的借阅规定。

13. 错误

【解析】上级党政主管机关所发的行政及党务方面的文件有办公室统一接收。

14. 错误

【解析】资料员协助项目经理收发项目文件,编制项目资料管理计划,协助项目经理进行资料签字、盖章。

15. 正确

【解析】工程名称栏应填写工程名称的全称,与合同或招标书文件中的工程名称一致。

16. 正确

【解析】建设工程资料的处理、存储是在资料收集后的必要管理过程。

17. 正确

【解析】信息也必须来源于指定的机构,任何人不得将未经许可的媒体或机构的信息转载发布,确保信息来源必须在规定范围内。

18. 正确

【解析】一个建设工程由多个单位工程组成时,工程文件按单位工程立卷。

19. 正确

【解析】施工企业都是依据各级建设行政主管部门上报资料的格式要求选择软件产品。

20. 正确

【解析】使用软件时,开始都很正常,突然软件能编辑但不能保存应该看软件锁是否插好。

二、单选题(共40题,每题1分)

1. A

【解析】隐蔽工程在隐蔽前应由施工单位通知有关单位进行验收,并应形成验收文件。

2. B

【解析】分部(子分部)工程、分项工程、检验批划分及代号索引中,分部工程02子分部工程代号01混凝土结构中有装配式结构。

3. A

【解析】监理资料管理工作流程图。

4. D

【解析】施工方案[也称为分部(分项)工程作业设计,或称分部(分项)工程施工组织设计]是针对某些特别重要的、技术复杂的、或采用新工艺、新技术施工的部(分项)工程。

5. A

【解析】此外,对前面所列超过一定规模的危险性较大的分部分项工程,还应组织专家对单位编制的专项施工方案进行论证。

6. B

【解析】起重机械安装拆卸工程、深基坑工程、附着式升降脚手架等专业工程实行分包的专项方案可由专业承包单位编制,并应由总承包单位技术总负责人及相关单位技术负责人签字,专家的人数不应少于五人。

7. C

【解析】分部(子分部)工程、分项工程、检验批划分及代号索引中,分部工程03子分部工程代号09。

8. D

【解析】分部工程验收的基本条件是:在其所含各分项工程验收的基础上进行。

9. B

【解析】项目经理的职责当中第二条为主持编制项目管理实施规划,并对项目目标进行系统管理。

10. D

【解析】检验批及分项工程应由监理工程师(建设单位项目技术负责人)组织施工单位项目专业质量(技术)负责人等进行验收。

11. C

【解析】项目经理指的是企业法定代表委托对工程项目施工过程全面负责的项目管理者,是建筑施工企业法定代表在工程项目上的代表人。

12. D

【解析】监理资料管理工作流程图。

13. A

【解析】《建筑工程施工质量验收统一标准》GB 50300—2001规定:单位工程质量验收合格后,建设单位应在规定时间内将工程竣工验收报告和有关文件,报建设行政管理部门备案。

14. B

【解析】建设单位应在单位工程竣工验收合格15日内将《建设工程竣工验收报告》和有关文件,报建设工程备案机关办理竣工工程验收备案手续。

15. D

【解析】建设工程归档文件是指在工程建设过程中形成的各种形式的信息记录,包括工程准备阶段文件、监理文件、施工文件、竣工图和竣工验收文件。

16. C

【解析】工程文件归档范围和资料类别、来源及保存要求。

17. C

【解析】检验批质量验收记录中施工单位检查评定结果中签字人员是项目专业质量检查员。

18. A

【解析】完成工程项目按照工程设计和合同约定的全部内容,经工程竣工验收合格后。勘察、设计、施工、监理单位分别将工程施工资料根据《建设工程资料管理规程》的规定整理后向建设单位移交。

19. C

【解析】③为资料的类别编号。

20. C

【解析】依据《房屋建筑工程和市政基础设施工程实行见证取样和送检的规定》中的相关规定：涉及结构安全的试块（试件）和材料见证取样和送检的比例不得低于有关技术标准中规定应取样数量的30%。

21. C

【解析】施工单位填写的单位（子单位）工程竣工预验收报验表应一式四份，并应有建设单位、监理单位、施工单位、城建档案馆各保存一份。

22. A

【解析】项目部向公司上报各类统计报表（1）施工生产任务预计完成情况月报。

23. A

【解析】各级资料管理部门应掌握存档资料安全保管情况，每年定期进行10%的安全性抽样检查，发现问题应及时采取措施予以处理。

24. C

【解析】资料室（库）区内应配置有效的温湿度调节设备与检测系统。温度应控制在14~24℃，相对湿度应控制在45%~60%。

25. A

【解析】资料员负责工程项目的资料档案管理、计划、统计管理及内业管理工作。

26. A

【解析】施工单位技术管理资料管理流程顺序为内部审批、部门审核、批复、实施。

27. A

【解析】施工资料按照单位工程参建单位资料收集范围、资料性质和专业分类，分为A类工程准备阶段的文件、B类监理资料、C类施工资料、D类竣工图、E类工程竣工文件。

28. B

【解析】监理资料属于单位工程整体管理内容资料，编号中的分部、子分部工程代号可用"00"代替；例如建立管理规划资料的编号为00-00-B1。

29. B

【解析】建筑工程施工资料交底，施工组织设计由项目技术总工审批。

30. C

【解析】建筑工程施工资料交底，分部工程质量检查记录由资料员填写。

31. D

【解析】项目专业质量员：工序作业完成后，施工员组织工序验收，质检员验证确认、检查、监督，按验收规范、施工图纸及验收试验计划做好施工试验的检验，负责实验报告单的验证确认。

32. B

【解析】其余20%按各专业施工质量验收规范规定，不能大于150%，钢结构为120%，就是说有数据的项目，除必须达到规定的数值外，其余可放宽，最大放宽到150%。

33. B

【解析】各栏均同意验收且经各参加检验方共同同意商定后,由建设单位填写"综合验收结论",可填写为"通过验收"。

34. A

【解析】钢材试验报告按规格、型号列细目录。

35. A

【解析】工程概况表资料来源单位为施工单位。

36. C

【解析】屋面卷材防水保温层验收记录资料在表1-1中分部工程代号为03,分项工程代号为06,属于C7施工质量验收记录。

37. C

【解析】为了简化网络的日常维护及项目部局域网应用较为简单的特点,通常都选择对等网络结构,以100M交换为核心,搭建局域网。

38. C

【解析】同一个局域网中不能有相同的计算机名称,将项目部的工作组设为一体,也可以使用默认的WORKGROUP设置。

39. A

【解析】PKPM软件安装以手动方式运行光盘目录下的CMIS.exe应用程序

40. B

【解析】平面放线记录由专业监理工程师签字。

三、多选题(共20题,每题2分,选错项不得分,选不全得1分)

1. CD

【解析】建筑工程施工应符合工程勘察和设计文件的要求。

2. ABCD

【解析】分部(子分部)工程、分项工程、检验批划分及代号索引表格当中分部工程代号02,子分部工程代号04。

3. ABC

【解析】分部(子分部)工程、分项工程、检验批划分及代号索引表格当中分部工程代号03,子分部工程代号01。

4. AB

【解析】分部(子分部)工程、分项工程、检验批划分及代号索引表格当中分部工程代号03,子分部工程代号04。

5. AB

【解析】在信息计划的实施中,应该定期检查信息的有效性和信息成本,从而可以不断改进信息管理工作。

6. CD

【解析】工程文件归档范围和资料类别、来源及保存要求。

7. ACDE

【解析】建设单位A类资料分为:决策立项文件(A1)、建设用地文件(A2)、勘察设计文件（A3）、招投标与合同文件（A4）、开工文件（A5）、商务文件（A6）。

8. BCD

【解析】统计基础工作规范化管理的基本特点为原始记录、统计台账、统计报表的形成必须有严格的工作程序。

9. BCDE

【解析】其内容包括：资料安全管理职责、工程资料实体安全管理、资料信息安全管理和资料库房安全管理。

10. BC

【解析】打印过的废纸和校对底稿应及时清理、销毁。

11. ABDE

【解析】施工单位技术管理资料管理流程其中技术管理资料包括：施工现场管理检查记录；企业资格证书；质量事故调查记录、事故报告；检测计划；见证记录；施工日志；设计交底、图纸会审；施工组织设计；施工方案；施工组织设计交底；质量、安全、技术交底；设计变更与工程洽商。

12. AC

【解析】施工物资资料管理流程监理（建设）单位审核按合同、规定处理。

13. CDE

【解析】单位工程验收形成的资料包括：单位工程验收记录及相关资料；竣工验收报告；施工工程总结。

14. CD

【解析】施工现场专业人员工作责任按规定分为负责和参与两个层次。

15. BE

【解析】工程准备阶段文件、工程竣工文件宜按《建筑工程资料管理规程》中规定的类别和形成时间顺序编号。

16. AC

【解析】档案资料室对接受的工程文件应及时建立工程文件接收总登记账和分类账，并能利用计算机进行各类工程文件的查询和检索。

17. ABC

【解析】施工资料交底的近外层对象包括：质量监督站、安全监督站、建设单位、监理单位、设计单位、勘察单位、试验检测单位及供货单位等有关咨询单位。

18. ADE

【解析】一般施工资料收集后主要审查的内容可以分为：表头填写、资料编制内容、资料报送结论部分。

19. BC

【解析】工程资料移交应符合下列规定：（1）施工单位应向建设单位移交施工资料。（2）实行施工总承包的，各专业承办单位应向施工总承包单位移交施工资料。（3）监理单位应向建设单位移交监理资料。（4）工程资料移交时应及时办理相关移交手续，填写工程资料移交书、移交目录。（5）建设单位应按国家有关规定和标准的规定向城建档案管理部门移交工程档案，并办理相关手续。有条件时，向城建档案管理部门移交的工程档案应为原件。

20. ABCDE

【解析】工程资料管理软件平台主要包括计算机操作系统、杀毒软件、办公软件、绘图软件、项目管理软件。